rororo special
Herausgegeben von Reiner Stach und Heike Wilhelmi

Der Autor

Sebastian Scheerer, geboren 1950, ist Professor an der Universität Hamburg und leitet dort das Aufbau- und Kontaktstudium Kriminologie.
Er ist Mitherausgeber des Handbuchs *Drogen und Drogenpolitik*, Frankfurt am Main 1989.

Sebastian Scheerer

rororo special:

Sucht

Rowohlt

Originalausgabe · Veröffentlicht im Rowohlt Taschenbuch Verlag GmbH, Reinbek bei Hamburg, April 1995 · Umschlaggestaltung Walter Hellmann · Foto The Image Bank/Daniel Arsenault · Grafik Jörg Mahlstedt, Escheburg · Typografie Iris Farnschläder · Satz Bembo und Avenir PostScript, QuarkXPress 3.3 · Gesamtherstellung Clausen & Bosse, Leck · Printed in Germany · 1290-ISBN 3 499 16367 5

Inhalt

Probleme

Argumente

Tendenzen

Vorwort

Wenn in den fünfziger Jahren die Rede von den Süchtigen war, dann weckte das vornehmlich historische Erinnerungen. Man dachte an den Elendsalkoholismus im 19. Jahrhundert, an die klassischen Morphinisten und vielleicht an die chinesischen Opiumhöhlen. Die Sucht schien mehr der Vergangenheit als der Zukunft anzugehören, und ihr Comeback kam unerwartet und dramatisch. Da tauchte mitten in der Wohlstandsgesellschaft eine ganze Reihe beunruhigender Phänomene auf: der Jugendalkoholismus, eine spektakuläre Wiederkehr der Opiatsucht und dann immer mehr Fälle «substanzungebundener» Süchte, bei denen es nicht einmal der Drogeneinnahme bedurfte, um sich wie ein Drogensüchtiger zu verhalten. Dann begannen die traditionellen legalen und illegalen Süchte allmählich ihre Vormachtstellung an eine unübersichtliche Koalition aus Arbeits-, Computer-, Eß- und Brech-, Glücksspiel-, Lauf-, Liebes-, Mager- und sogar Sexsüchtigen zu verlieren. Eine Gesellschaft diagnostiziert sich selbst und kommt zu dem Ergebnis: Wir sind eine Gesellschaft von Süchtigen.

Sozialwissenschaftler bezeichnen unsere Gesellschaft häufig als «postindustriell», wenn nicht gar als «postmodern» oder «postmaterialistisch». Andere sprechen von einer «Risikogesellschaft», einer «Erlebnis-», «Konsum-», «Ausweich-» oder «Modulationsgesellschaft». Doch wie auch immer man sie bezeichnen mag: Irgend etwas scheint sie von früheren Gesellschaften gründlich zu unterscheiden, etwas, das die Suchtthematik für die Menschen, die in ihr leben, zur angstbesetzten, aber wohl auch nicht nur negativen Faszination werden läßt. Möglicherweise hat das mit dem Moment des Kontrollverlustes an eine äußere Instanz zu tun. Vielleicht wird Sucht immer mehr zum Symbol der Angst, daß es den Individuen womöglich nicht mehr lange gelingen wird, ihre eigenen Handlungen und Lebensumstände in einem nennenswerten Umfang selbst zu bestimmen – und zum Symbol der Möglichkeit, einfach dadurch aus einem überkomplexen und allzu streßreichen Alltag zu fliehen, daß man sich vollständig auf *ein* Objekt fixiert, sich an *eine* Droge oder *eine* Aktivität verliert. Bedenkt man dann noch, daß die Gesellschaft ein solches Verhalten als Krankheit ansieht und die Betroffenen von ihren «normalen» Verpflichtungen, Erwartungen und Verantwortlichkeiten befreit, dann läßt sich in gewisser Weise sogar verstehen, wieso viele Süchtige ihren Zustand paradoxerweise auch als eine Art radikaler Befreiung erleben. Der Kategorie der Sucht kommt auch aus diesem Grunde eine zunehmende Bedeutung zu: Wie wir *sie* definieren und wie wir mit ihr umgehen, so definieren wir *uns* und so gehen wir mit *uns* und *miteinander* um.

Viele sagen: man muß die Drogen entschlossener bekämpfen. Andere sehen in der Drogenbekämpfung eher einen Teil des Problems als der Lösung. Sie verweisen darauf, daß man einst geächtete Drogen heute als legitimen Bestandteil unserer Kultur ansieht und daß es womöglich vernünftiger wäre, auch bei den illegalen Drogen zwischen einem tolerierbaren und sozial integrierten Konsum einerseits und dem Suchtproblem andererseits zu unterscheiden. Ihre Perspektive ist eine «gemeine Drogenkultur» (Christian Marzahn), in der nicht die Drogen die Menschen versklaven, sondern die Menschen die Drogen domestizieren und kundig genießen. Denkbar ist also auch eine ganz andere Suchtpolitik, die eine ebenso sanfte wie wirkungsvolle Alternative zur gegenwärtigen Praxis darstellte und vielleicht mehr dazu beitrüge, Sucht zu verhindern, als eine noch so entschlossene Politik der Bekämpfung.

Sucht – ein schwieriges Kind der Moderne

Die Menschen auf der ganzen Welt haben schon immer Drogen genommen, die ihre Stimmung, ihre Wahrnehmung und ihr Erleben, kurz: ihr Bewußtsein veränderten. Sie haben diese psychoaktiven Substanzen zunächst sicher unabsichtlich entdeckt, dann aber absichtlich konsumiert. Da nun Rausch und Ekstase ebenso uralte wie allgemein verbreitete (und wohldokumentierte) Phänomene sind, läge es nahe anzunehmen, daß es auch die Sucht schon immer gegeben habe. Erstaunlicherweise scheint das jedoch nicht der Fall gewesen zu sein. So merkwürdig es klingen mag: Die Menschheit hat während fast ihrer gesamten Geschichte in einer **«Welt ohne Sucht»** gelebt – in einem Zustand und einer Selbstwahrnehmung, die sich erst im Zeitalter der Aufklärung und Industrialisierung radikal änderten und zur «Entdeckung», wenn nicht sogar, wie viele Wissenschaftler sagen, «Erfindung der Sucht» führten.

Ursprung und Wandel der Wortbedeutung

Süchtige sind immer auf der Suche: nach einer Droge, nach einem Gefühl. Man glaubt deshalb vielfach, daß das Wort Sucht vom Verb «suchen» abstamme. Das ist jedoch nicht der Fall. Die wirkliche Geschichte des Suchtbegriffs ist komplizierter – und aufschlußreicher. Zunächst bezeichnete Sucht nichts anderes als jede körperliche, nicht auf Unfällen und äußeren Verletzungen beruhende Krankheit. Später sollte sich die Bedeutung des Begriffs noch häufiger wandeln, um zunächst moralische Laster, dann die Hörigkeit einer Person gegenüber Rausch- und Betäubungsmitteln und schließlich auch andere Formen eines extremen Verlangens nach bestimmten Gefühlszuständen zu bezeichnen.

Der Begriff der Sucht kommt vom gotischen *siukan* (= krank sein) und war bis zum 16. Jahrhundert die generelle Bezeichnung für **Krankheit** (entsprechend dem lateinischen *morbus*). Die «fallende Sucht» war dementsprechend nichts anderes als die «Fall-Krankheit» (Epilepsie), die «schwarze Sucht» die «Schwarz-Krankheit» (meist die Cholera). Außerdem gab es die schwere, die böse, die leidige, die giftige, die heiße, die kalte, die tobende und die schwindende, die gelbe, rote, weiße und bleiche, die ungarische und die neapolitanische Sucht und viele andere mehr. Auf die immer wieder diskutierte Frage «Ist Sucht eine Krankheit?» gibt dieser Ursprung des Begriffs «Sucht» allerdings keine Antwort. Denn ein Krankheitsbild der Drogenabhängigkeit gab es während dieser gesamten Epoche nicht. Die Idee einer Drogen- oder Rauschgiftsucht spielte im Denken jener Zeit keine Rolle. Paradox formuliert: Als «Sucht» wurde in alter Zeit jede Krankheit bezeichnet – außer der Sucht selbst.

Vom 16. Jahrhundert an wurde «Sucht» aus seiner angestammten Bedeutung durch das Wort «Krankheit» verdrängt. Nur wer sich bewußt altertümlich, ironisch oder metaphorisch ausdrücken wollte, sprach noch von «Sucht» und meinte dann meist einen extrem übersteigerten Hang, ein Laster oder eine den ganzen Menschen dominierende destruktive Tendenz. Wenn zum Beispiel der Nürnberger Schuster und Poet Hans Sachs (1494–1576) von der «hänffenen Sucht» (= Hanfsucht) sprach, dann meinte er keineswegs eine Drogenabhängigkeit vom Cannabistyp, sondern den unglücklichen Hang der männlichen Mitglieder einer bestimmten Familie, ihr Leben am Hanfseil des Galgenbaumes zu beenden.

Auch Heinrich von Kleist (1777–1811) benutzte das Wort, als er vom Mißtrauen als der «schwarzen Sucht der Seele» sprach, in metaphorisch-ironischer Anlehnung an die damals schon veraltete medizinische Terminologie. In Goethes *Faust* (1808) spielt Mephisto mit den Bedeutungen der Sucht zwischen «Mondsucht» und «faustischem Tatendrang», als er den Doktor Faustus fragt: «Der Du dem Mond um so viel näher schwebtest / Dich zog wohl Deine Sucht dahin?»

Sucht war um diese Zeit eine negative Charaktereigenschaft, wobei der Grad der Verurteilung vom kaum merklichen Spott bis zur gerichtlichen Strafbarkeit («Spielsucht») reichen konnte. Während die «sehnende Sucht», aus der später mit der **Sehnsucht** ein Schlüsselbegriff der Romantik wurde, zunächst eine leicht spöttische Bezeichnung für den abnormen Seelenzustand des Verliebtseins darstellte, transportierten Neuschöpfungen wie «Geldsucht», «Lustsucht», «Zanksucht», später auch «Ruhmsucht», «Gewinnsucht» und «Rachsucht» stärkere moralische Unwerturteile über eine als krankhaft bzw. unmoralisch angesehene Verhaltenstendenz.

Wer im 19. Jahrhundert von Sucht sprach, meinte damit eine Art Monomanie, die alles Denken und Handeln auf bestimmte Ziele konzentrierte, eine krankhafte Verformung von Vernunft und Willen (z. B. «Machtsucht», «Sucht zur Weltherrschaft»). Eine negative Bewertung der wegen ihrer Dauer und Unersättlichkeit als Sucht bezeichneten Phänomene war um diese Zeit längst begriffsimmanent. Mit einer Ausnahme. Für den Autor von *Mein Kampf* war klar, daß der Welt die Entscheidungsschlacht zwischen der «modernen Demokratie» und den «Völkern des brutalen Willens» noch bevorstehe. Und da er die «Gesetze der natürlichen Kraftordnung» zu kennen glaubte, prognostizierte er: «Am Ende siegt ewig nur die Sucht der Selbsterhaltung. Unter ihr schmilzt die sogenannte Humanität als Ausdruck einer Mischung von Dummheit, Feigheit und eingebildetem Besserwissen wie

Schnee in der Märzensonne.» Das in dem Wort Sucht mitschwingende Element völliger Rücksichtslosigkeit gegenüber anderen Personen und Interessen war für Adolf Hitler offenbar noch lange kein Grund für ein negatives ethisches Urteil.

Die **Trunksucht** galt jahrhundertelang als eines unter vielen Lastern. Erst im 19. Jahrhundert änderte sich ihre Bewertung in der Öffentlichkeit: Aus dem Laster wurde eine Krankheit, die von Medizinern beschrieben, erforscht und behandelt wurde. Sprachgeschichtlich betrachtet wurde die Trunksucht damit zur Brücke für einen weiteren generellen Bedeutungswandel des Wortes Sucht. Denn in dem Maße, in dem sich zur Trunksucht andere Formen extremen Drogenkonsums gesellten, wurde Sucht zu einem medizinischen Fachbegriff für alle Arten der Hörigkeit gegenüber körperlich und / oder seelisch abhängig machenden Substanzen. Dieser Abschnitt in der Begriffsentwicklung begann im Jahre 1784, als der einflußreiche amerikanische Mediziner und Sozialreformer Benjamin Rush den Alkoholismus in seiner Untersuchung über die Wirkungen des Branntweins auf den menschlichen Körper und Geist erstmals als Krankheit definierte.

Je mehr Wirkstoffe von den Chemikern und Pharmakologen des 19. und 20. Jahrhunderts «entdeckt» (= isoliert) und «erfunden» (= synthetisiert) wurden, desto größer wurde die Anzahl der von den Ärzten beschriebenen Süchte und desto deutlicher empfand man die Notwendigkeit, sich über die gemeinsamen Merkmale all dieser Phänomene Gedanken zu machen und einen medizinischen Sammelbegriff für sie zu finden. So kam es in der Zeit zwischen dem Ersten und dem Zweiten Weltkrieg zur Bildung der Begriffe «Giftsuchten» und «Rauschgiftsucht» und zu einer immer stärkeren Tendenz in der Medizin, das selbständige Substantiv «Sucht» als Fachterminus für die diversen Formen krankhafter Substanz-Abhängigkeiten zu begreifen. Für alle nicht-stoffgebundenen Laster, Fixierungen und Perversionen wurden dagegen andere Begriffe gesucht. War «Sucht» ursprünglich die generelle Bezeichnung für Krankheit gewesen, so sollte der Begriff um 1950 nur noch eine einzige und ganz spezielle Krankheit bezeichnen, nämlich die Hörigkeit gegenüber Rausch- und Betäubungsmitteln. In diesem Jahr definierte die **Weltgesundheitsorganisation (WHO)** denn auch Sucht als einen «Zustand periodischer oder chronischer Intoxikation, die für das Individuum und für die Gesellschaft schädlich ist und hervorgerufen wird durch den wiederholten Gebrauch einer natürlichen oder synthetischen Droge». Als charakteristisch für das Vorliegen einer Sucht galten der WHO

- erstens ein unbezwingbares Verlangen oder Bedürfnis (Zwang), den Drogengebrauch fortzusetzen und die Droge mit allen Mitteln zu beschaffen,
- zweitens eine Tendenz, die Dosis zu erhöhen, und
- drittens eine psychische und manchmal auch physische Abhängigkeit von den Wirkungen der Droge.

Da die Hauptsorge damals den Opiaten galt und man die Ursache für das Süchtigwerden vor allem in den pharmakologischen Eigenschaften der Drogen selbst vermutete, wurde dem Vorliegen einer körperlichen Abhängigkeit besondere Bedeutung beigemessen. Es dominierte also eine «pharmakozentrische» Sichtweise der Sucht, die freilich angesichts zahlreicher Widersprüche zwischen wissenschaftlichen Befunden und politischen Vorgaben immer wieder für erhebliche Irritationen sorgte. So wurden Kokain und Cannabis rechtlich als Suchtstoffe behandelt, obwohl sie die Definitionsmerkmale der Sucht gar nicht erfüllten. Auch die barbiturathaltigen Schlafmittel und die stimulierenden Amphetamine schienen in den fünfziger Jahren einerseits dringend einer intensiveren Kontrolle zu bedürfen, andererseits aber nach dem damaligen Stand des Wissens keine Sucht zu verursachen, so daß die WHO sich aus dieser Verlegenheit durch die zusätzliche Einführung des Begriffs **«Gewöhnung»** zu retten versuchte. Seit 1957 war sie bemüht, alle irgendwie problematischen Substanzen entweder der Kategorie der suchterzeugenden oder der gewöhnungserzeugenden Stoffe zuzuordnen. Doch gerade dieser Versuch sollte sich als undurchführbar erweisen, gab es doch immer wieder Fälle, in denen Substanzen, die scheinbar erwiesenermaßen «nur zur Gewöhnung» führten, extreme Abhängigkeiten erzeugten, während andere, die scheinbar zur «Sucht» führen mußten, dies in der Praxis keineswegs immer taten. Die Definitionsprobleme wuchsen der WHO schließlich über den Kopf, so daß sie sich 1964 zu dem radikalen Schritt entschloß, auf den Suchtbegriff völlig zu verzichten. Statt dessen, so ihre Empfehlung, sollte man künftig nur noch von physischer (= körperlicher) und psychischer (= seelischer) **Abhängigkeit** sprechen. Damit war die offizielle Karriere des Suchtbegriffs in der Medizin beendet.

In dem Maße, in dem die Medizin das Interesse am Suchtbegriff verlor, wurde das Wort von seiner Fixierung auf Substanzen befreit und auch für einen metaphorischen Gebrauch zurückgewonnen. Eine der wichtigsten Konsequenzen dieser Befreiung des Suchtbegriffs aus dem Korsett der Drogenfixierung ist wohl darin zu sehen, daß seither bei der Erforschung der Suchtursachen die Substanz immer weniger, das menschliche Begehren, seine Geschichte, Prägung und Bewertung hingegen immer größere Bedeutung gewinnen.

Gab es suchtfreie Epochen?

Drogenkonsum und Rauscherfahrungen gehören zu den ältesten Begleitern der Menschheit. Die Effekte von Alkohol und Opium, aber auch die Wirkungen von Cannabis und halluzinogenen Pilzen, Früchten, Wurzeln und Blättern sind in vielen Weltgegenden schon seit Jahrtausenden bekannt. Man sollte annehmen, daß der oft exzessive Drogenkonsum früherer Epochen zwangsläufig mit Suchterscheinungen einherging. Doch erstaunlicherweise scheinen sich Medizin- und Sozialhistoriker einig zu sein, daß die Menschheit, was Drogensucht im heutigen Sinne angeht, bis Ende des 18. Jahrhunderts noch in einem Stadium der Unschuld lebte. **Entzugserscheinungen** waren praktisch unbekannt, und die Vorstellung, daß Menschen unter einem krankhaften Zwang leiden könnten, immer wieder bestimmte Substanzen zu sich nehmen zu müssen, war völlig fremd. Man lebte – in den Worten des New Yorker Soziologen Harry G. Levine – trotz vielfachen und häufig exzessiven Drogenkonsums in einer «Welt ohne Sucht». Tatsächlich findet sich weder in der Keilschriftliteratur der frühesten Hochkulturen zwischen Euphrat und Tigris (wo Opium schon im 4. Jahrtausend v. Chr. bekannt war) noch in den altägyptischen Papyrus-Rollen (die das Opium im 16. Jahrhundert v. Chr. als Bestandteil von über 700 Arzneimitteln erwähnen) oder in der Literatur der altgriechischen Ärzte (die das Opium als ihr wichtigstes Heilmittel betrachteten und es entsprechend freigebig anwandten) irgendein Hinweis auf Entzugserscheinungen.

Das gleiche gilt für den **Alkohol**. In vielen Kulturen besaß er sowohl religiöse als auch medizinische Bedeutung, daneben eine beliebte Entspannungsfunktion als Alltags- wie auch als Festtagsdroge. Und während die altgriechische Literatur voller Abhandlungen über den Alkoholrausch ist, in denen Vor- und Nachteile behutsam gegeneinander abgewogen werden, hat man offenbar nie Entzugserscheinungen beobachtet. Selbst Andeutungen, die sich mit einiger Mühe als Anspielungen auf suchtartige Phänomene deuten ließen, sind mehr als rar. Einzige Ausnahme: eine Episode in Homers *Odyssee* (8. Jahrhundert v. Chr.), in der einige von Odysseus' wackeren Gefährten von den Früchten bzw. Blüten einer fremden Pflanze kosten und daraufhin schlagartig ihre Prioritäten ändern: Odysseus, ihre Kameraden, ihre Heimat und alles, was sonst für sie wichtig war, wird bedeutungslos – sie wollen nur noch immer weiter Lotus essen.

Worauf beruhte die merkwürdige Abwesenheit von Berichten über körperliche Abhängigkeit, Entzugserscheinungen und Suchtverhalten in der antiken, mittelalterlichen und frühneuzeitlichen Welt? Man kann folgende Gründe vermuten:

- **Geringe Wirkstoffkonzentration.** Bis zur Verbreitung der Alkoholdestillation (16. Jahrhundert) gab es noch keine hochprozentigen Alkoholika. Auch die chemische Isolierung der reinen Wirkstoffe aus den Drogenpflanzen (Morphin, Kokain) und die Synthetisierung von Drogen (Heroin) wurde erst im 19., teilweise sogar erst im 20. Jahrhundert möglich.
- **Sanfter Konsum.** Wein wurde in der Antike meist verdünnt getrunken. Opium wurde meist mit anderen Substanzen gemischt und dann entweder gegessen oder getrunken und deshalb nur langsam durch den Magen-Darm-Trakt absorbiert. Da die Droge das Gehirn nur langsam erreichte, verringerte sich die euphorische Wirkung und damit auch das Bedürfnis nach schneller Wiederholung der Erfahrung. (Injektionsmöglichkeiten gab es erst seit dem 19. Jahrhundert.)
- **Konviviale Berauschung.** Viele Kulturen schätzten zwar durchaus den Rausch, aber weder ging es dabei um die

bloße Betäubung (wie beim Elendsalkoholismus des 19. Jahrhunderts) noch waren die Trinker sozial isoliert. Im Gegenteil: Gerade dann, wenn es um die Erzielung von Rauscheffekten ging, nahm man die Substanzen in geselliger Runde und unter Befolgung risikomindernder Regeln und Rituale zu sich.

- **Geringe Abweichungschancen.** Rauschmittelkonsum war in magische, religiöse und andere Normensysteme von hohem Verpflichtungsgrad eingebettet. Die soziale Kontrolle, die von den kleinen Gemeinschaften über ihre Mitglieder ausgeübt wurde, war stärker und wirkungsvoller als in der Moderne. Ein Abdriften in extreme und individualistische Konsumformen war nicht so leicht.
- **Kontinuierliche Verfügbarkeit.** Die Rauschmittel, die man üblicherweise konsumierte, standen praktisch immer zur Verfügung. Da man aber körperliche Abhängigkeit nur dann bemerkt, wenn der Nachschub plötzlich ausbleibt, gab es für diese Erfahrung womöglich weder für Alkohol- noch für Opiumfreunde viel Gelegenheit.

Der letztgenannte Punkt führt zu der Frage, ob es denn in vormoderner Zeit überhaupt schon ein Verhalten gab, das wir heute als Suchtverhalten bezeichnen würden, also «Alkoholiker» und «Opiatsüchtige», auch wenn den Zeitgenossen die heutigen Konzepte und Begriffe noch gefehlt haben mochten. Auch auf diese Frage fällt die Antwort nicht eindeutig aus: Was den **Alkohol** angeht, so gab es in verschiedenen vormodernen Epochen sehr wohl einige Individuen (und im 16. Jahrhundert in Deutschland offenbar sehr viele), die sich nach damaligem Verständnis der Trunksucht verschrieben hatten und die nach heutiger Auffassung wohl als Alkoholiker zu bezeichnen wären – nur daß man ihr Verhalten seinerzeit als übertriebene Neigung zum Trinken und nicht als krankhaften Zwang interpretierte. Sie waren, wie der Berliner Kultursoziologe Hasso Spode sagt, «nach heutigen Gesichtspunkten Kranke, nur gab es solche Gesichtspunkte damals nicht». In der Antike dürften solche Menschen sehr seltene Ausnahmen gewesen sein.

Was das **Opium** angeht, so ist es zwar denkbar, daß es Menschen mit einer körperlichen Abhängigkeit immer schon gegeben hat. Doch ganz sicher kann man sich dessen angesichts fehlender Berichte über Entzugserscheinungen nicht sein. Sich vorzustellen, daß die ununterbrochene Verfügbarkeit dafür der maßgebliche Grund gewesen sein sollte, fällt schwer. Ein anderer Gesichtspunkt sollte jedoch nicht außer acht gelassen werden: Eine Droge, deren Konsum eine unspektakuläre alltägliche Gewohnheit ist, gewinnt nicht so schnell die zentrale Bedeutung im Leben eines Menschen, die ihr unter den Bedingungen der Illegalität schon wegen der extremen Preise, der Verheimlichungspraktiken, der Beschaffungskriminalität usw. nur allzu leicht zufällt.

Die Geburt der Sucht aus Elend und Aufklärung

Im Gegensatz zum Rausch, der den Menschen von Anfang an bekannt war, ist die **Sucht eine Erscheinung der Moderne.** Mittelalterliche Abhängigkeiten wurden gesprengt, aber auch haltgebende soziale Zusammenhänge zerstört und große Teile der Gesellschaft in Extremformen von Ausbeutung und Verelendung getrieben. Das veränderte Trinkmuster und -motivation. Die Moderne befreite das ökonomische Spiel der Kräfte von religiöser und politischer Bevormundung – und fegte zugleich alle sittlichen und sonstigen Schranken hinweg, die einer hemmungslosen Ausbeutung der Arbeitskraft und einer nahezu gewaltförmigen Vermarktung der Manufaktur- und Industrieprodukte noch im Wege gestanden hatten. Schließlich entwickelte sich der Staat zum modernen Steuerstaat und wurde damit automatisch zum Interessenten an einer möglichst weiten Verbreitung der gewinnbringenden Tabak- und Alkoholprodukte.

Die Technik der **Destillation**, mit der sich die Alkoholkonzentration von 14% auf rund 50% erhöhen ließ, war über Arabien schon im 12. Jahrhundert nach Europa gekommen, dort aber auf Klöster und Apotheken beschränkt geblieben. Doch seit dem 16. Jahrhundert boomte die Schnapsindustrie. Vor allem Adlige profitierten als Gründer entsprechender Fabriken, als Verpächter von Schankwirtschaften und natürlich auch über Steuern und Abgaben.

Überraschende Entzugserscheinungen

Die ersten Berichte über körperliche Opiumabhängigkeit stammen von europäischen Asienreisenden des späten 16. Jahrhunderts. 1592 berichtet der holländische Reisende John H. van Linschoten über Opiumabhängigkeit in Indien: «Derjenige, der gewohnt ist, es zu essen, muß es täglich essen, andernfalls stirbt er und verzehrt sich selbst.»
Die sehr ausführliche medizinische Opiumliteratur in Europa wußte von Entzugserscheinungen bis 1701 nichts. In jenem Jahr schrieb John Jones *(The Mysteries of Opium Revealed)*, daß, wer plötzlich aufhöre Opium zu nehmen, mit heftigen Schmerzen und Depressionen rechnen müsse, «die innerhalb weniger Tage in einem äußerst scheußlichen Tod enden (...) es sei denn, der Opiumgenuß wird wieder aufgenommen, was die Patienten bald wieder aufmuntert und sie gewiß wiederherstellt». Aber erst als ein weiteres Jahrhundert später Thomas de Quincey (1821) seine *Bekenntnisse eines englischen Opiumessers* veröffentlichte, begann sich – immerhin nach über 2000 Jahren abendländischen Opiumgebrauchs – in der Öffentlichkeit herumzusprechen, daß Opiumkonsum körperlich abhängig machen und Entzugserscheinungen verursachen kann.

Im 19. Jahrhundert gelang die Isolation der reinen Wirkstoffe aus den Pflanzendrogen Opium und Coca. So ließen sich mit immer kleineren Mengen **immer größere Wirkungen** erzielen. Parallel dazu verliefen die Erfindung und Perfektionierung der **Injektionstechnik**, so daß es möglich wurde, die hochpotenten Drogen direkt unter die Haut bzw. in die Venen zu bringen, von wo aus sie eine unvergleichlich viel stärkere Wirkung im Gehirn entfalteten.

Die europäischen Mächte überschwemmten den Globus förmlich mit Rauschmitteln. Das bedeutendste Beispiel dafür ist die englische **Opiumpolitik gegenüber China**. Als die chinesische Regierung sich weigerte, Opiumeinfuhren englischer Kaufleute zuzulassen, brach England zwei blutige Opiumkriege vom Zaun (1839–42 und 1856–58), an deren Ende neben Gebietsabtretungen (Hongkong) die erzwungene Legalisierung des Opiumhandels mit und in China stand. Um 1880 duldete das Reich der Mitte gezwungenermaßen die Einfuhr von jährlich rund 6000 Tonnen Opium.

Während die wohlhabenden Chinesen Opium als reines Genußmittel zu sich nahmen und in keiner Weise unter ihrer häufig vorhandenen Abhängigkeit zu leiden schienen, sahen die Folgen für die Armen meist anders aus. Den ausgebeuteten Kulis und der häufig hungernden armen Stadtbevölkerung diente Opium dazu, Gefühle des Schmerzes, der Erschöpfung und des Hungers zu betäuben. Ende des 19. Jahrhunderts begannen Bauern, ihren Reisanbau durch Mohnanbau zu ersetzen, und zu Beginn des 20. Jahrhunderts waren ganze Bezirke praktisch nur noch von verelendeten Bauern bewohnt, die um so intensiver dem Opium frönten, je schlechter es ihnen ging.

Innerstaatlich wurde im 18. und 19. Jahrhundert die Schnapsherstellung steuerlich begünstigt. Nach der verheerenden **Gin-Epidemie** in England (um 1750) brachten regulierende

Gesetze eine gewisse Besserung. Doch es sollte noch mehr als ein Jahrhundert dauern, bis die schlimmsten Mißstände in England, den USA und auch in Deutschland abgestellt wurden. Um ihren Arbeitern den 12- bis 16stündigen Arbeitstag zu erleichtern, verteilten Fabrikherren bis Ende des 19. Jahrhunderts «Freischnaps» an ihre Arbeitskräfte und begünstig-

«Wiederaufbau mit Kokain

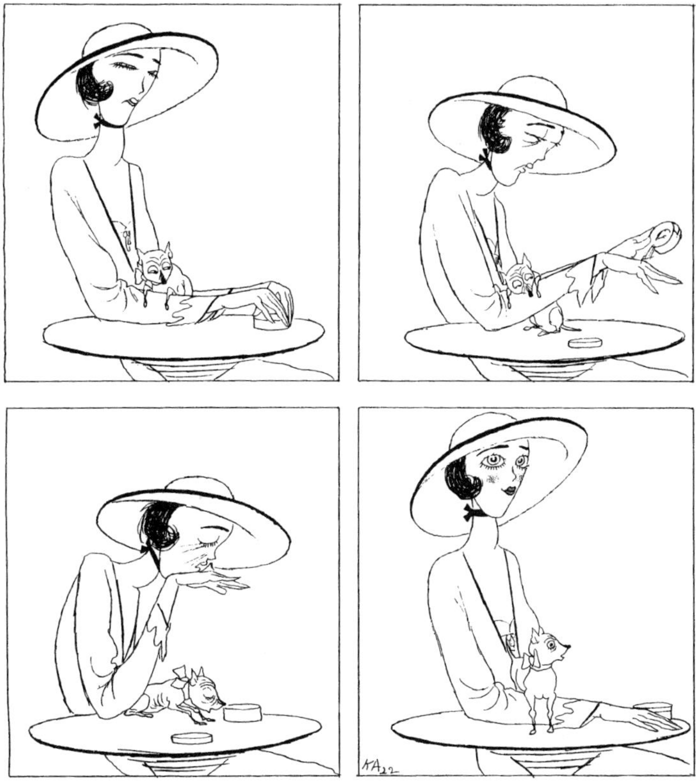

(Illustration von Karl Arnold in *Simplizissimus* v. 28. 6. 1922)

«Trinkerfürsorge» im Dritten Reich

Nach dem Ersten Weltkrieg als neuer Zweig staatlicher Fürsorge etabliert, operierte die «Trinkerfürsorge» schon während der Weimarer Republik mehr schlecht als recht zwischen Psychiatrie und Arbeitshaus, Polizei und Justiz. Angesichts einer dürftigen Bilanz von «Heilerfolgen» entluden sich die Frustrationen der Fürsorger oft in repressiven Maßnahmen. Die Aversion vieler Fürsorger gegenüber den Alkoholikern wurde durch die Volksgemeinschafts-Ideologie des NS-Staates systematisch begünstigt und verstärkt. Der «Wert» eines «Volksgenossen» wurde nun ganz offiziell an seiner Arbeitsfähigkeit und -willigkeit gemessen, und die Fürsorger wurden für die Aufgabe eingespannt, zwischen «heilbaren» und «unheilbaren minderwertigen Trinkern» zu unterscheiden. Letztere galten als «Asoziale», «erblich belastete Psychopathen», «erbminderwertige Gemeinschaftsschädlinge» usw., deren Existenz vor allem unter dem Gesichtspunkt der Kosten betrachtet wurde, die sie der «Gemeinschaft» aufbürdeten. «Trunkenbolden» konnte aufgrund einer Verordnung des Reichsinnenministeriums (18. 10. 1939) von der Polizei ein für ein Jahr geltendes allgemeines Wirtshausverbot erteilt werden. In schwereren Fällen entmündigte man Alkoholiker, kasernierte sie in Anstalten und verweigerte ihnen aufgrund des «Ehegesundheitsgesetzes» vom 18. 10. 1935 die Eheschließung. Aufgrund des Gesetzes «zur Verhütung erbkranken Nachwuchses» vom 14. 7. 1933 wurden ca. 5 bis 10% der auf 300 000 geschätzten Gesamtheit der «Trinker» als «asoziale Psychopathen» zwangsweise unfruchtbar gemacht. Andererseits, so die Forschungsergebnisse der Hamburger Historikerin Elke Hauschildt, war eine bloße Alkoholabhängigkeit für eine KZ-Einweisung in aller Regel nicht hinreichend – und wohl nicht zuletzt wegen der den Alkoholikern relativ häufig attestierten Arbeitsfähigkeit blieben sie im Gegensatz zu Psychiatriepatienten von der Einbeziehung in den systematischen staatlichen Mordplan der «Aktion T 4» ausgenommen.

ten damit in erheblichem Maße den Arbeiteralkoholismus. In vielen Fabriken wurde zudem ein Teil des Lohnes gleich in Branntwein ausgezahlt. Erst um 1900 kam es zu einer deutlichen Reaktion auf den Elendsalkoholismus. Die **Mäßigkeitsbewegung** gewann Zulauf und erzwang in den USA sogar von 1919 bis 1933 ein völliges Alkoholverbot.

Ob man exzessiven Drogenkonsum als extrem starke Neigung des Individuums oder vielmehr als extreme Fremdbestimmung durch eine Droge ansieht, ist vor allem eine Frage der Perspektive, unter der man den Menschen und die Droge betrachtet. Erst die Moderne verallgemeinerte das **Ideal der Selbstkontrolle**, der Nüchternheit und Autonomie. Sie erlaubte damit einerseits, dauerhaften und intensiven Rauschmittelkonsum als prinzipielle Gefährdung von Vernunft und Unabhängigkeit des Menschen zu problematisieren – und schuf doch gleichzeitig Lebensbedingungen für die Masse der Lohnabhängigen, die von vornherein jede Autonomie zur Illusion und einen «betäubenden» Rauschmittelkonsum für breite Schichten der Bevölkerung zum Regelfall werden ließen.

Im Laufe des 20. Jahrhunderts setzte sich das **Krankheitskonzept der Sucht** allmählich durch. Es stellte nicht nur immer mehr Menschen ein neues Vokabular zur Verfügung, um ihre Erfahrung in Worte zu kleiden und verstanden zu werden, sondern ermöglichte auch eine gewisse Entstigmatisierung der Betroffenen und garantierte ihnen last, not least auch die finanzielle Hilfe der Versichertengemeinschaft für die Bestreitung ihrer Behandlungskosten. Wie zweischneidig das Krankheitskonzept allerdings war (und in mancher Hinsicht auch heute noch ist), zeigte sein Mißbrauch während der NS-Zeit. Wer damals alkoholkrank war, befand sich in akuter Gefahr, als «erbkranker» und «unnützer Esser» etikettiert und zumindest zwangssterilisiert zu werden.

Fazit

Drogen sind von den Menschen seit frühester Zeit zu vielfachen Zwecken benutzt worden: als Heilmittel, um gesund zu werden und zu bleiben, als belebende und dämpfende Genußmittel, um je nach Tageszeit und sozialem Anlaß wach zu werden oder zu entspannen, und als Rauschmittel, um den Alltag in religiöser oder profaner Absicht zu transzendieren. Doch trotz der Allgegenwart des Rausches blieben körperliche Abhängigkeit und Sucht zumindest unbemerkt und in gewisser Weise sogar undenkbar. Denn die Idee der Sucht als einer Hörigkeit gegenüber Rausch- und Betäubungsmitteln setzt ein bestimmtes Bewußtsein individueller Autonomie voraus, das sich erst im Zeitalter der Aufklärung voll entfaltete.

Massenverelendung, der Wegfall religiöser Bindungen und die größere Verfügbarkeit und Konzentration sämtlicher Drogen im Zeitalter der Industrialisierung machten die Menschen anfälliger für riskantere Konsumformen. Schließlich begünstigten strafrechtliche Drogenverbote bei jenen, die sie nicht abzuschrecken vermochten, die Entwicklung wahrer Sucht- und Delinquenzkarrieren.

Die vielen Gesichter der Sucht: Begriffe, Ursachen und Erscheinungsformen

Ohne klare Begriffe gibt es keine klaren Gedanken, keine aussagekräftigen Statistiken über die Zahl der Betroffenen, keine zuverlässigen Forschungen über Suchtursachen und keine Erkenntnisse über wirksame Auswege. Insofern ist der in vielerlei Hinsicht unbefriedigende Erkenntnisstand eng verknüpft mit der Tatsache, daß im Suchtbereich eine Begriffsverwirrung herrscht, die ihresgleichen sucht.

Abhängigkeit und Sucht

Die Begriffe Sucht und Abhängigkeit gelten häufig als austauschbar. Ob jemand als drogensüchtig oder als drogenabhängig bezeichnet wird, beschränkt sich dann auf eine reine Stilfrage: «süchtig» klingt eher moralistisch und altmodisch, «abhängig» eher nüchtern und wissenschaftlich. Ob man von «Suchtprävention» oder von «Vermeidung von Abhängigkeit» spricht, ob vom «Süchtigenanteil an der Eigentumskriminalität» oder vom «Anteil der Drogenabhängigen», macht dann in der Sache keinen Unterschied. Doch bei genauer Betrachtung zeigt sich, daß die Gleichung nicht aufgeht.

Abhängigkeit bedeutet, ein Objekt, eine Beziehung oder eine Gewohnheit zu brauchen, um die eigene Existenz oder das eigene Wohlbefinden nicht direkt oder indirekt zu gefährden. Bestimmte Abhängigkeiten gehören unabänderlich zum Menschsein: die Abhängigkeit von der Atemluft, vom Essen, Trinken und Schlafen, aber auch die Abhängigkeit des Kindes von Erwachsenen, die gegenseitige emotionale Abhängigkeit in Freundschafts- und Liebesbeziehungen. Abhängigkeit ist also, anders als Sucht, nicht von vornherein etwas Negatives (auch wenn selbst die schönste emotionale Abhängigkeit zerstörerische Formen annehmen kann).

Drogenabhängigkeit bedeutet demnach, daß für jemanden die Aufgabe des Drogenkonsums entweder gar nicht oder nur unter stärkeren oder schwächeren Unlustgefühlen möglich ist. Wie stark diese Schmerz- oder Unlustgefühle sind, ist eine Frage der Stärke und der Art der Abhängigkeit. Was die Arten der Abhängigkeit angeht, so wird in der Regel zwischen körperlicher und psychischer Abhängigkeit unterschieden.

Von **körperlicher Abhängigkeit** spricht man, wenn sich beim abrupten Entzug der Droge bestimmte körperliche Symptome – die sog. Entzugserscheinungen – feststellen lassen. Körperliche Abhängigkeit von Drogen läßt sich also im Gegensatz zu psychischer Abhängigkeit objektiv (z. B. durch EEG, EKG) feststellen. Sie entwickelt sich als Anpassungsleistung des Organismus an die Zufuhr einer fremden Substanz, die den normalen Ablauf der Körperfunktionen stört. Indem er körpereigene Gegenkräfte mobilisiert, die das vorher herrschende Gleichgewicht nunmehr auch unter dem Einfluß der fremden Substanz wiederherstellen, kann der Organismus auch dann einigermaßen normal funktionieren, wenn die Droge im Körper anwesend ist. Der Preis dafür ist, daß der Organismus die Droge nun für sein Funktionieren benötigt. Bekommt er sie nicht, zeigt er ein unterschiedlich stark ausgeprägtes Unbehagen. Dieses Unbehagen, das bei manchen Drogen / Personen / Umständen extrem schmerzhaft und sogar tödlich sein kann, beruht schlicht darauf, daß die körpereigene Gegensteuerung (Homöostase) auch dann noch eine Weile weiterläuft, wenn der Drogennachschub ausbleibt. Weil aber nichts passiert, was diese Gegensteuerung erforderlich macht, erweist sich die Anpassungsleistung in diesem Fall als dysfunktional. So sorgt zum Beispiel die Homöostase dafür, daß der «Spiegeltrinker» den ganzen Tag lang Alkohol trinken kann, ohne irgendwelche Merkmale von Trunkenheit zu zeigen (entsprechende Phänomene gibt es bei Tranquilizerabhängigen und Opiatabhängigen). Doch wenn die gewohnte Droge ausbleibt, bestehen seine Entzugserscheinungen meist aus Symptomen, die genau das Gegenteil der Drogenwirkung darstellen. Während etwa Opiate die Pupillen verengen und ein Wärmegefühl, Euphorie, Schläfrigkeit und Schmerzlinderung bewirken, gehören zum Entzugssyndrom beim Opiatentzug typischerweise eine Erweiterung der Pupillen, starke Gänsehaut, Frösteln, Depression, Schlaflosigkeit und Überempfindlichkeit gegenüber Schmerzen. Und

Ist Abhängigkeit eine Krankheit?

Eine Drogenabhängigkeit braucht weder Körper noch Geist oder Seele eines Menschen zu beeinträchtigen. Viele Menschen, die im Privat- wie im Berufsleben erfolgreich waren, waren zugleich körperlich und/oder psychisch von einer Droge abhängig, ohne daß sie deswegen irgendeinen Teil ihres Lebens vernachlässigen mußten oder wollten. Je nach Substanz, von der man abhängig ist, riskiert man zwar Folgekrankheiten (z. B. Lungenkrebs vom Zigarettenrauchen). Aber es gibt auch Substanzen (wie z. B. Opiate), die keine Organschäden verursachen und bei denen die Abhängigkeit deswegen auch nicht zu Folgekrankheiten führt, es sei denn, die Droge wird in schlechter Qualität, falscher Menge oder unter unhygienischen Bedingungen genommen. Abhängigkeit als solche ist weder Folge einer krankhaften Disposition noch selber Krankheit oder notwendigerweise Ursache von Folgekrankheiten.

wie der Opiatkonsum häufig zu Verstopfung führt, führt der Opiatentzug ebenso häufig zu Durchfall. Bei dämpfenden Mitteln (Opiaten, Alkohol, Schlafmitteln) ist die Anpassungsfähigkeit des Körpers und damit auch das körperliche Abhängigkeitspotential sehr ausgeprägt. Bei den Weckmitteln und Halluzinogenen hingegen (z. B. Kokain, Amphetamine, Ecstasy, Haschisch, LSD) ist das nicht der Fall. Ihr Gebrauch führt deshalb nach heutigem Wissen nicht zur körperlichen Abhängigkeit (wenn man nicht die nach langem Gebrauch auftretende Müdigkeit und Erschöpfung – zum Beispiel bei Kokain – als Ausdruck einer körperlichen Abhängigkeit interpretiert).

Insgesamt ist die körperliche Abhängigkeit für das suchttypische «Nicht-Mehr-Aufhören-Können» jedoch weitaus weniger wichtig als die **psychische Abhängigkeit**. Diese läßt sich jedoch nicht so klar definieren wie die körperliche – und vor allem gibt es, anders als bei der körperlichen Abhängigkeit, keine apparatemäßig meßbaren Diagnose-Kriterien. Hinzu kommen eine ganze Reihe weiterer Probleme:

- Die Frage nach der psychischen Abhängigkeit ist bei fast allem, was man freiwillig tut, nicht mit einem Ja oder Nein, sondern nur mit einem Mehr oder Weniger zu beantworten. Denn in gewissem Maße psychisch abhängig ist man von allem, was man gerne mag, von liebgewordenen Gewohnheiten bis zu geliebten Menschen.
- Es erweist sich oft als schwieriger, von einer Droge mit geringer körperlicher Abhängigkeit loszukommen als von einer Droge, von der man in hohem Maße körperlich abhängig ist. So berichten Fixer und Alkoholiker immer wieder, daß sie es leichter fanden, vom Heroin bzw. Alkohol wegzukommen als vom Rauchen.
- Der Begriff der psychischen Abhängigkeit wird häufig präjudizierend benutzt. So hat sich in Politik und Justiz ein-

gebürgert, bestimmte Drogenverbote mit dem Hinweis zu rechtfertigen, daß die in Frage stehenden Substanzen «zwar keine körperliche, wohl aber eine psychische Abhängigkeit hervorrufen» könnten. Da auch das Kennenlernen einer attraktiven Person «psychische Abhängigkeit» erzeugen kann, verschleiert dieser Satz lediglich den Diskussionsbedarf darüber, ob die so entstehende Abhängigkeit denn nun gut oder schlecht ist – und wer wohl für die Beantwortung dieser Wertungsfrage zuständig ist.

- Die Unterscheidung zwischen psychischer und physischer Abhängigkeit verliert in dem Maße an Plausibilität, in dem man in Betracht zieht, daß jede psychische Abhängigkeit letztlich durch physische Vorgänge vermittelt wird und daß andererseits auch die physische Abhängigkeit zum großen Teil von psychisch wirkenden Faktoren beeinflußt werden kann. Je mehr man über die biochemischen Abläufe im Belohnungssystem des Gehirns weiß, desto stärker relativieren sich nicht nur die Unterschiede zwischen Süchten «mit» und «ohne» Drogen, sondern auch diejenigen zwischen körperlicher und psychischer Abhängigkeit. Deshalb ist es kein Wunder, daß gerade die mit Suchtforschung befaßten Neuropsychologen und Biochemiker der hergebrachten Unterscheidung zwischen psychischer und physischer Abhängigkeit nur noch wenig abgewinnen können.

Da es sowohl Menschen gibt, die körperlich abhängig sind, ohne einen Wunsch nach weiterer Drogeneinnahme zu verspüren, als auch solche, die einen unkontrollierbaren Wunsch nach Drogeneinnahme verspüren, ohne körperlich abhängig zu sein, läßt sich die im Alltag häufig anzutreffende Gleichung «körperlich abhängig = süchtig» offenbar nicht halten. Erst recht ist **Sucht nicht mit Abhängigkeit gleichzusetzen**. Die Unterschiede sind folgende:

- Jeder Mensch ist vom Atmen, vom Essen, Trinken und Schlafen abhängig – und zu seinen psychischen Grundbedürfnissen gehört die Suche nach emotionaler Zuwendung, nach Anerkennung und Sinnerfüllung. Dies zu kritisieren oder negativ zu bewerten, weil es sich um Abhängigkeiten handelt, macht wenig Sinn. Abhängigkeit ist untrennbar mit der menschlichen Existenz verbunden. Mit Sucht verhält es sich jedoch anders: Während jeder Mensch von vielerlei abhängig ist, ist er keineswegs zwangsläufig auch nach vielerlei süchtig.

Alter Wein in neuen Schläuchen

Diagnostische Kriterien für das sog. «Abhängigkeitssyndrom»

1. Wenigstens *drei* der folgenden Kriterien:
- Die Substanz wird häufig in größeren Mengen oder länger als beabsichtigt eingenommen.
- Anhaltender Wunsch oder ein oder mehrere erfolglose Versuche, den Substanzgebrauch zu verringern oder zu kontrollieren.
- Viel Zeit für Aktivitäten, um die Substanz zu beschaffen (z. B. Diebstahl), sie zu sich zu nehmen (z. B. Kettenrauchen) oder sich von ihren Wirkungen zu erholen.
- Häufiges Auftreten von Intoxikations- oder Entzugssymptomen, wenn eigentlich die Erfüllung wichtiger Verpflichtungen bei der Arbeit, in der Schule und zu Hause erwartet wird (geht nicht zur Arbeit wegen eines Katers, erscheint «high» in der Schule oder bei der Arbeit, ist intoxikiert, während er auf seine Kinder aufpaßt) oder wenn die Einnahme einer Substanz zur körperlichen Gefährdung führt (z. B. Alkohol am Steuer).
- Wichtige soziale, berufliche oder Freizeitaktivitäten werden aufgrund des Substanzmißbrauchs aufgegeben oder eingeschränkt.

2 Abhängigkeit kann auf einem breiten Kontinuum gedacht werden, das von liebgewordenen Gewohnheiten (z. B. seinen «Stammplatz» am Essenstisch einzunehmen oder im Fernsehen «Lindenstraße» anzusehen) über die «Lohnabhängigkeit» des Arbeitnehmers und die emotionale Abhängigkeit unter Freunden, Liebenden bzw. Familienmitgliedern bis hin zur biologischen Abhängigkeit (z. B. von Atemluft) reicht. Sucht hingegen ist per definitionem am Extrem angesiedelt. Wenn eine Abhängigkeit schwächer wird, bleibt sie immer noch Abhängigkeit. Doch wenn

- Fortgesetzter Substanzmißbrauch trotz Kenntnis eines anhaltenden oder wiederkehrenden sozialen, psychischen oder körperlichen Problems, das durch den Substanzmißbrauch verursacht oder verstärkt wurde (z. B. fortgesetzter Heroinmißbrauch trotz Vorwürfen seitens der Familie, kokaininduzierte Depressionen oder ein Magenulcus, das sich durch Alkoholkonsum verschlechtert).
- Ausgeprägte Toleranzentwicklung: Verlangen nach ausgeprägter Dosissteigerung (d.h. wenigstens 50% Dosissteigerung), um einen Intoxikationszustand oder erwünschten Effekt herbeizuführen, oder eine deutlich verminderte Wirkung bei fortgesetzter Einnahme derselben Dosis.

  Beachte: Die folgenden Kriterien sind nicht unbedingt auf Cannabis, Halluzinogene oder Phencyclidin (PCP) anwendbar:
- Charakteristische Entzugssymptome.
- Häufige Einnahme der Substanz, um Entzugssymptome zu bekämpfen oder zu vermeiden.

2. Einige Symptome der Störung bestehen seit mindestens einem Monat oder sind über eine längere Zeit hinweg wiederholt aufgetreten.

Nach: Diagnostisches und Statistisches Manual Psychischer Störungen, dritte revidierte Fassung (=DSM-III-R), deutsch 1991 eine Sucht schwächer wird, verliert sie ihren Charakter als Sucht und verschwindet im Meer der Abhängigkeiten. Ein bißchen süchtig zu sein ist ebenso unmöglich wie ein bißchen schwanger zu sein.

- Abhängigkeit ist nicht von vornherein etwas Negatives – Sucht hingegen schon. Freundschaft und Liebe gibt es nicht ohne eine tiefe gegenseitige Abhängigkeit. Doch diese Abhängigkeit kann auch einseitig, neurotisch verformt oder sonstwie problematisch werden: Wenn zum Beispiel Ehefrauen trotz gewalttätiger und sie demütigender Ehemänner weiter bei ihnen bleiben bzw. zu ihnen zurückgehen, spricht man von einer suchtmäßigen Entgleisung (bzw. mit Robin Norwood von «Frauen, die zu sehr lieben»; Untertitel ihres Bestsellers: «Die heimliche Sucht, gebraucht zu werden»). Es sind die «krankhafte» Verformung von Vernunft und Willen, der Kontrollverlust und die Zwanghaftigkeit eines Verhaltens, die aus der Abhängigkeit eine Sucht werden lassen.

- Abhängig zu sein heißt: auf jemanden oder auf etwas angewiesen zu sein. Diese Angewiesenheit kann Kleinigkeiten betreffen, sie kann aber auch existenzielle Bedeutung haben. Süchtig zu sein heißt hingegen: sich auf Gedeih und Verderb einer emotionalen Fixierung ausgeliefert zu sehen, einer Fixierung, die sich in einem stereotypen Verhalten von geradezu triebhafter Stärke ausdrückt und deswegen verstandesmäßig (zumindest für eine gewisse Zeit) unbeherrschbar ist und alle anderen Werte und Aktivitäten in den Hintergrund drängt.

- Schließlich können sich Abhängige – und übrigens auch Drogenabhängige – durchaus bester Gesundheit erfreuen, was man von Süchtigen gerade nicht sagen kann. – Die Gleichsetzung von Sucht und Abhängigkeit verdeckt diese fundamentalen Unterschiede und kann ebenso leicht zu

Führt Abhängigkeit zur Sucht?

Häufig wird schon der beginnende Konsum einer illegalen Droge als erster Schritt auf einer schiefen Bahn in Richtung auf eine voll ausgebildete Sucht gesehen. Aber:

1. gelingt es vielen Menschen, sogar Drogen mit einem hohen körperlichen Abhängigkeitspotential (wie z. B. Heroin) über lange Jahre zu konsumieren, ohne körperlich davon abhängig zu werden («kontrollierter Konsum»);
2. entwickeln viele körperlich abhängige Menschen niemals den Wunsch nach einer weiteren Drogeneinnahme und werden nie *psychisch* abhängig. Tausende von Krankenhauspatienten werden in jedem Jahr körperlich opiatabhängig, weil ihre (z. B. postoperativen) Schmerzzustände über ein oder zwei Wochen intensiv mit Opiaten behandelt werden. Doch das Risiko, daß diese Menschen nach der Entlassung aus dem Krankenhaus den Wunsch verspüren, weiterhin Opiate zu sich zu nehmen, ist mit etwa 1 : 10 000 fast nicht der Rede wert. Zu einer körperlichen Abhängigkeit führen auch andere Medikamente, wie z. B. bestimmte Antidepressiva – und trotzdem verspüren die Patienten nach Beendigung der Behandlung keinen Wunsch nach weiterer Einnahme;
3. können psychische und körperliche Abhängigkeit zusammenkommen, ohne daß eine Sucht entsteht. Denn solange die psychische Abhängigkeit nicht so stark ist, daß sie alle anderen Aktivitäten, Pläne und Prioritäten der Person in den Hintergrund drängt, kann von Sucht keine Rede sein, und es gibt keinen Grund zu der Annahme, daß aus einer leichten Abhängigkeit früher oder später eine immer schwerere Abhängigkeit folgt. Abhängigkeit ist weder gleichbedeutend mit Sucht, noch gibt es irgendeine Zwangsläufigkeit, mit der sie zur Sucht führt.

einer Ausdehnung und Verflachung des Suchtbegriffs führen wie zu einer vorschnellen Dramatisierung von Abhängigkeit als solcher.

In den fünfziger und sechziger Jahren wollte man den Suchtbegriff auf die «Hörigkeit gegenüber Rausch- und Betäubungsgiften», wie es in manchen Lexika hieß, beschränkt wissen. Doch heute, wo man allmählich Abschied nimmt von dieser «pharmakozentrischen» Sichtweise und auf der Suche nach einer allgemeineren Suchttheorie ist, sind immer mehr Ärzte, Psychologen und Sozialwissenschaftler der Auffassung, daß ein stoffungebundenes Verständnis der Sucht der einzig gangbare Weg ist. Sucht ist für sie nicht immer Drogensucht, Abhängigkeit nicht immer Drogenabhängigkeit. Es gibt auch **«Sucht ohne Drogen».**

Seit man weiß, welche Bedeutung den körpereigenen Drogen im Belohnungssystem des Zentralen Nervensystems (ZNS) zukommt, wird Sucht immer häufiger als hochgradige Fixierung bei der Suche nach einer Gefühlserfahrung verstanden, die sich das Individuum durch wiederholte Luststimulierung verschafft. Ob das nun mittels einer Substanz (Alkohol, Heroin) oder einer Aktivität (Laufen, Arbeiten, Glücksspiel) erfolgt, ist für die Frage, ob eine Sucht vorliegt oder nicht, auf jeden Fall sekundär. Viele ältere, zum Teil sogar eher intuitive oder metaphorisch gemeinte Aussagen zur Sucht werden von der aktuellen Diskussion wieder aufgegriffen und bestätigt: so zum Beispiel der Satz Sigmund Freuds, daß die Masturbation «die primäre Sucht» sei; aber auch Feststellungen wie die des Psychoanalytikers Otto Fenichel, daß jedes Ding Droge sein und süchtig machen, bzw. die des Psychiaters von Gebsattel, daß schlechthin «jede menschliche Tätigkeit süchtig entarten» kann. Der traditionelle, substanzgebundene Suchtbegriff verliert aber auch deswegen immer mehr Anhänger, weil sich herumspricht, daß überraschend viele Suchtstoffkonsumenten trotz jahrelangen Gebrauchs gar nicht süchtig werden («kontrollierter Konsum», siehe Kasten S. 48) bzw. nach einer gewissen Zeit aus ihrer Sucht «herauswachsen», während andererseits die typischen Merkmale des Suchtverhaltens immer häufiger auch und gerade außerhalb der Drogenszenen zu finden sind. Das Problem der Sucht ist *nicht* identisch mit der Drogenproblematik. Entscheidend ist

Was sind Drogen?

In der **Pharmazie** versteht man unter Drogen sowohl die pflanzlichen (seltener: tierischen, mineralischen, künstlichen) Grundstoffe für Arzneimittel als auch die bereits zubereiteten Medikamente, und zwar unabhängig von der psychoaktiven Wirkung und der juristisch-moralischen Bewertung.
Die **WHO** definierte Droge 1969 als «jede Substanz, deren Einverleibung zur Reizung empfänglicher biologischer Substrate führt» – eine Definition, die es schwermachte, eine Grenze zwischen Drogen und (anderen) Nahrungsmitteln bzw. der Atemluft und dem Trinkwasser zu ziehen.
In der **Alltagssprache** werden unter Drogen häufig die verbotenen Rausch- und Genußmittel (Cannabis, Heroin, Kokain, Ecstasy usw.) verstanden.
Eine in der **Wissenschaft** häufigere Definition versteht unter Droge jede psychoaktive Substanz, also insbesondere alle stimulierenden, sedierenden oder sonst auf das zentrale Nervensystem wirkenden Stoffe. Drogen in diesem Sinne sind alle Stoffe, Mittel, Substanzen, die aufgrund ihrer chemischen Natur Strukturen oder Funktionen im lebenden Organismus verändern, wobei sich diese Veränderungen insbesondere in den Sinnesempfindungen, in der Stimmungslage, im Bewußtsein oder in anderen psychischen Bereichen oder im Verhalten bemerkbar machen.

Vgl. S. Scheerer, I. Vogt (Hg.), *Drogen und Drogenpolitik. Ein Handbuch*, Frankfurt am Main 1989, S. 5f nicht die Substanz, an die sich das Begehren heftet, sondern die Art, in der jemand sein Glücksstreben auf ein einziges Mittel konzentriert. Unter **Sucht** ist also (mit Stanton Peele und Klaus Wanke) ein bis zur Existenzgefährdung übersteigertes, verstandesmäßig unbeherrschtes und immer wiederkehrendes Verlangen nach einer (sinnlichen, gefühlsmäßigen) Erfahrung zu verstehen, das alle anderen Werte und Aktivitäten des Individuums in den Hintergrund drängt.

Rausch und Mißbrauch

Das Verhältnis zwischen Rausch und Sucht ist nicht so eng wie vielfach angenommen und zudem eher durch Gegensätze als durch Berührungspunkte gekennzeichnet. So hat es das Bedürfnis nach Rauscherlebnissen in der Geschichte der Menschheit von Anfang an gegeben – aber nie etwas Vergleichbares in bezug auf die Sucht. Der Rausch ist Teil existenzieller psychischer Bedürfnisse nach Selbsterkenntnis durch Grenzerfahrungen – der Sucht als einer pathologisch reduzierten und monoman zugespitzten Selbststimulierung kommt eine entsprechende Dignität nicht zu. Im Rausch liegt zudem ein Moment ekstatischer Glückseligkeit, das die Trennung zwischen Ich und Du, zwischen Subjekt und Objekt eine Zeitlang aufzuheben vermag. Sogar die Zeiterfahrung selbst löst sich, wie die Raumerfahrung, im Rausch letztlich auf.

Derartige **«Gipfel-Erlebnisse»** («peak-experiences» nach Abraham Maslow) tragen für denjenigen, der sie erlebt, ihren Sinn in sich selbst: Sie vermitteln eine Offenbarungs-Empfindung von der «Soheit» und der «Einheit» der Welt, die an das «tathata» des Zen-Buddhismus ebenso erinnert wie an die «unio mystica» der christlichen Mystiker. Die Sucht hingegen ist der mißglückte Versuch einer Verewigung des Wohlbefindens, und im Gegensatz zum gelegentlichen Rausch ist es die Eigenart der Sucht, daß sie die Periodik des Genusses, den zeitlichen Wechsel von Rausch und «Nüchternheit», auf ein Minimum (und damit letztlich auf ein Kontinuum) zu bringen versucht. Dadurch aber werden die «Ausschläge», die Extremzustände eingeebnet – und der Versuch eines Dauergenusses muß zwangsläufig scheitern. Rausch und Sucht sind also eher gegenläufige Phänomene. Deswegen kann es auch nicht verwundern, daß unsere Vorstellung von der Sucht erst in dem Maße entstand, wie man den Rausch abwertete und die Fähigkeit zum festlichen Berauschtsein verlor.

Drogen zu Zwecken der Berauschung zu nehmen gilt heute meist ohne Umschweife als **Mißbrauch**. Denn Mißbrauch bedeutet soviel wie falscher, nicht bestimmungsgemäßer Gebrauch, und einen legitimen Rausch vermag man sich heute kaum noch vorzustellen. Bei genauerem Hinsehen entpuppt sich allerdings auch der Mißbrauchsbegriff als problematisch. Denn wann falscher und wann richtiger Gebrauch vorliegt, das ist in einer pluralistischen Gesellschaft weitgehend Ansichtssache. Und diese Ansichten gehen gerade in bezug auf Drogen sehr weit auseinander. Der Begriff bleibt vage, weil bzw. solange er den Maßstab der Bewertung nicht preisgibt. Dieser Maßstab kann juristisch oder medizinisch, religiös oder weltanschaulich, ästhetisch oder utilitaristisch sein, und je nach Maßstab werden völlig andere Einteilungen in richtigen und falschen Gebrauch erfolgen. Der Anspruch des medizinischen Normensystems, absolute Standards für den richtigen (in der juristischen Übersetzung: zulässigen) Gebrauch zu definieren, zeugt zumindest von einer gewissen Naivität gegenüber anderen Kulturen und Religionen, in denen nichtmedizinischer Drogengebrauch von alters her zum «richtigen» Ritus gehört. Wollte man die WHO-Definition der sechziger Jahre zum Maßstab machen – eine Definition, die Mißbrauch allen Ernstes als «die einmalige, mehrmalige oder ständige Verwendung jeder Art von Drogen ohne medizinische Indikation bzw. in übermäßiger Dosierung» definierte –, dann müßte man die Geschichte und Ethnologie menschlichen Drogengenusses als Horrorkabinett fortwährenden Drogenmißbrauchs umschreiben – und das christliche Abendmahl hätte mangels medizinischer Indikation hier ebenso seinen Platz wie die peruanische Tradition des Kauens von Cocablättern mit Pottasche.

Die neueste Krankheitsklassifikation der WHO (ICD-10) spricht statt von Drogenmißbrauch nur noch von «**schädlichem Gebrauch** psychoaktiver Substanzen». Sie versteht darunter «ein Konsummuster psychotroper Substanzen, das zu einer Gesundheitsschädigung führt. Diese kann eine körperliche Störung, etwa eine Hepatitis durch Selbstinjektion von Substanzen sein oder eine psychische Störung, z. B. eine depressive Episode nach massivem Alkoholkonsum.»

Was ist «schädlicher Gebrauch»?

« Die Diagnose erfordert eine tatsächliche Schädigung der psychischen oder physischen Gesundheit des Konsumenten. Schädliches Konsumverhalten wird häufig von anderen kritisiert und hat auch häufig unterschiedliche negative soziale Folgen. Die Ablehnung des Konsumverhaltens oder einer bestimmten Substanz von anderen Personen oder einer ganzen Gesellschaft ist kein Beweis für den schädlichen Gebrauch, ebensowenig wie etwaige negative soziale Folgen, z. B. Inhaftierung oder Eheprobleme. Eine akute Intoxikation (...) oder ein ‹Kater› *(hangover)* beweisen allein noch nicht den ‹Gesundheitsschaden›, der für die Diagnose ‹schädlicher Gebrauch› erforderlich ist. »

Weltgesundheitsorganisation (WHO), *Internationale Klassifikation psychischer Störungen* (ICD-10), Kap. V (F)

Diese Definition könnte zu einer Versachlichung der Sucht- und Drogendiskussion beitragen. Es gibt allerdings starke Interessen, auch weiterhin jeden Konsum von illegalen Drogen zu Genußzwecken – auch wenn er kein «schädlicher Gebrauch» im Sinne der neuen Terminologie ist – als «Mißbrauch» zu bezeichnen. Die Anti-Drogen-Politik arbeitet ganz bewußt mit der Konnotation der *prinzipiellen Schädlichkeit* des Gebrauchs. So empfahl zum Beispiel die UNO im Jahre 1987 ganz offiziell, Begriffe wie «responsible drug use» (verantwortungsvoller Drogengebrauch) und «recreational drug use» (Freizeitkonsum von Drogen) aus dem Vokabular zu tilgen, um den Drogenmißbrauch nicht zu verharmlosen.

Einfalt oder Vielfalt: Theorien über die Ursachen der Sucht

Es gibt zahllose Theorien und Pseudotheorien über Suchtursachen. In der Vielzahl offenbart sich aber gerade ihre Schwäche: die Tatsache nämlich, daß es jedenfalls bislang keine allgemein anerkannte Erklärung der Sucht gibt.

Während viele Forscher der Ansicht sind, daß dies auch künftig so bleiben werde, veranlassen die Fortschritte in der Gehirnforschung andere zu der Hoffnung, daß eine **allgemeine Suchttheorie** schon bald in greifbare Nähe rücken könnte. Im Brennpunkt des Interesses steht gegenwärtig die Wirkungsweise **körpereigener Drogen** in dem Teil des zentralen Nervensystems, der allgemein als **«Belohnungssystem»** bezeichnet wird. Seit im Jahre 1975 die Existenz dieser körpereigenen Drogen nachgewiesen werden konnte, hat sich unser Bild vom Verhältnis zwischen Menschen und Drogen insgesamt tiefgreifend verändert. Denn während man bis dahin glauben konnte, daß sich Gesundheit geradezu durch die

Das Belohnungssystem

Als Belohnungssystem bezeichnen Gehirnforscher eine Menge von Nervenbahnen, die verschiedene Teile des Zentralen Nervensystems untereinander verbinden. Heute geht man davon aus, daß (mindestens) drei Zentren oder Ebenen in diesem Belohnungssystem existieren:

1. Die elementaren Lebensfunktionen sind mit angenehmen Gefühlen verknüpft. Diese Vitaleuphorie beim Essen und Trinken, beim Stoffwechsel und bei sexueller Aktivität ist für Menschen und Tiere überlebensnotwendig. Produziert wird dieses Gefühl durch das körpereigene Opiat *Beta-Endorphin* (eine Substanz, die übrigens auch durch das Zigarettenrauchen freigesetzt wird). Ort des Geschehens: der Hypothalamus, die Schaltzentrale des vegetativen Nervensystems.
2. Sinneseindrücke durch Licht, Farben, Klänge und Gerüche werden mit abgestuften Lustgefühlen verbunden und auf diese Weise gewissermaßen emotional bewertet. Zuständig hierfür ist eine andere Gruppe körpereigener Opiate *(Enkephaline)*. Ort des Geschehens ist eine Verknüpfung zwischen dem Mandelkern (im limbischen System) und Teilen des Großhirns (den Basalganglien). Wenn der in der Nähe der Schläfen befindliche Mandelkern beschädigt oder zerstört wird – was bei Geburtskomplikationen passieren kann – wird der Mensch sozusagen psychisch blind: Die Fähigkeit zur Freude an Farben, Klängen, Sex usw. geht verloren.
3. Bei Hochleistungen in allen Bereichen kommt es zu einem «klaren Rausch», der in der Psychologie gelegentlich als «Flow» bezeichnet wird. Zuständig sind das Peptid *Cholecystokinin (CCK)* und *Dopamin*. Ort des Geschehens ist eine Verbindung zwischen der Großhirnrinde (einem entwicklungsgeschichtlich jungen und speziell menschlichen Gehirnteil) und dem mesolimbischen System – und hier dem kleinen «Nucleus Accumbens».

Tatsache der «Drogenfreiheit» definieren ließe, so weiß man heute, daß niemand ohne Drogen überleben könnte – Drogen, die das Zentrale Nervensystem eines jeden Menschen selber herstellt und die dem Hauptwirkstoff des Opiums, dem Morphin, so verblüffend ähneln, daß man sie als «Endorphine» (endogene Morphine) bezeichnet. Man weiß, daß alle positiven Gefühle und Empfindungen biochemisch durch die verstärkte Produktion körpereigener Belohnungsstoffe vermittelt werden: ob Freude, Lust oder Leistungseuphorie, ob Essens-, Sex- oder Kunstgenuß – immer wird dabei zumindest eines der Zentren im Belohnungssystem des Gehirns durch Drogen stimuliert.

Konsequent zu Ende gedacht, könnte das durchaus Folgen für die soziale Bewertung von Drogenkonsum und Drogenabhängigkeit haben. Denn wenn Bungee-Springer, Bodybuilder und Kleingärtner alle nur verschiedene Wege benutzen, um das Belohnungssystem ihres Gehirns mittels körpereigener Drogen anzuregen, dann reduzieren sich plötzlich auch die Unterschiede zwischen passionierten Konzertbesuchern und Kokainkonsumenten auf Nuancen. Denn dann sind wir alle (in gewissem Sinne) drogenabhängig – und zwar von körpereigenen Opiaten, ohne die wir aller Wahrscheinlichkeit nach eher früher als später nicht nur das Essen und Trinken, sondern auch alle weiteren Bemühungen um Selbst- und Arterhaltung einstellen würden.

Manche Drogen wirken so stark auf das Belohnungssystem, daß andere Lustquellen neben ihnen verblassen:

- **Opiate**, weil sie genau auf die Rezeptoren passen, an denen normalerweise die Endorphine andocken (und sich dort sogar länger halten als die körpereigenen Opiate);

- **Kokain** möglicherweise deshalb, weil es unmittelbar Einfluß auf die Menge des Neurotransmitters Dopamin nimmt;
- andere Drogen wie **Alkohol** oder **Nikotin** wirken eher indirekt: Alkohol führt zur Bildung großer Mengen körpereigener Opiatvorläuferprodukte, und Nikotin setzt sowohl ACTH als auch Beta-Endorphin frei.

Schwächere Drogen heben das Wohlbefinden der Konsumenten auf vergleichsweise bescheidene Höhen. Doch auch diese schwache Drogenwirkung kann zu einem letztlich mächtigen Verstärker werden, wenn sie diskontinuierliche, aber häufige Reize aussendet. Je intensiver und schneller Anflutung und Abflauen der Drogenwirkung im Gehirn, desto höher die Wahrscheinlichkeit, daß die Konsumenten der jeweiligen Drogen eine starke Abhängigkeit entwickeln. Das beste Indiz hierfür ist die verbreitete Abhängigkeit vom Nikotin (siehe Kasten).

Wenn die Einnahme psychoaktiver Substanzen entweder auf direktem oder auf indirektem Wege so positive Wirkungen im Belohnungssystem verursacht, dann beantwortet sich die Frage, warum Menschen Drogen probieren bzw. gelegentlich konsumieren, eigentlich von selbst. Sie tun es in der Erwartung angenehmer Gefühlserfahrungen, und wenn diese Erwartungen nicht enttäuscht werden, sind sie meist grundsätzlich bereit, den Konsum zu wiederholen. Auf welche Drogen ihre Wahl fällt und wie oft sie bereit sind, bei Mißlingen der ersten Erfahrung den Versuch zu wiederholen, hängt allerdings weniger von den pharmakologischen als von den **symbolischen Attributen der Droge** ab. Manche Drogen besitzen (aus den verschiedensten Gründen) ein jugendliches, andere ein Außenseiter-Image, und bei wieder anderen bemüht sich die Industrie offenbar nicht völlig erfolglos, ihnen ein Image von Freiheit und Abenteuer zu verleihen. Die Motivation, Drogen zu probieren und gelegentlich erneut

Das Geheimnis der Zigarette

Süchtige Drogenkonsumenten legen großen Wert auf einen schnellen Übergang vom Normalzustand zur Drogeneuphorie. Denn je schneller die Konzentration der Droge steigt, desto größer ist die pharmakologische Wirkung auf das Nervensystem und desto markanter ist die Reizung des Belohnungssystems im Gehirn. Fixer verpassen deshalb ihrem Nervensystem mit der Injektion von Heroin einen Hammerschlag. Schlaftablettensüchtige injizieren sich das Mittel ebenfalls gern, und Alkoholiker kippen lieber Schnäpse im «Sturztrunk», als sich allmählich mit Bier oder Wein vollaufen zu lassen. Eine auf Lunge gerauchte Zigarette ist in dieser Hinsicht die «perfekte Droge»:

- Der inhalierte Tabakrauch führt dem Gehirn das Nikotin innerhalb von 7 bis 8 Sekunden zu. Das ist schneller als bei injiziertem Heroin. Zigaretten auf Lunge zu rauchen, was erstmals mit der «blonden Zigarette» (Camel, 1913) möglich wurde, stellt deshalb ein häufig übersehenes revolutionäres Ereignis in der Geschichte des Drogenkonsums dar, vergleichbar mit der Einführung der Injektionsspritze beim Opiatkonsum.
- Die relativ schwache Droge Nikotin verwandelt sich aufgrund der Besonderheiten des Rauchens unterderhand in eine Droge mit besonders starker Bindungswirkung. Da die Nikotinkonzentration im Blut schnell nachläßt und innerhalb von 30 Minuten auf die Hälfte absinkt, ist es kein Zufall, daß die meisten Raucher ca. 20 Zigaretten am Tag konsumieren. Das ist eine nahezu perfekte Selbstkonditionierung für Zigarettenabhängigkeit. Wer seine Zigarette in zehn Zügen aufraucht, erzeugt zehnmal, nämlich Zug um Zug, hohe Nikotinkonzentrationen im Blut und im Gehirn, die jeweils neu als Verstärker des Rauchverhaltens wirken. Bei 20 Zigaretten am Tag sind das im Jahr 73 000 solcher Verstärkungen.

einzunehmen, ist also alles andere als rätselhaft: Das Verhalten erklärt sich durch Aufgeschlossenheit für neue und potentiell angenehme Gefühlserfahrungen und der positiven oder negativen Orientierung an wichtigen Bezugspersonen, die man entweder imitieren oder von denen man sich betont absetzen will.

Intelligente und kreative Schüler sind in aller Regel weder intensive Drogenkonsumenten noch drogenabstinent, sondern haben meistens schon das eine oder andere probiert, konsumieren es gelegentlich auch weiter, räumen dem Drogenkonsum aber angesichts vieler konkurrierender Interessen einen sehr beschränkten Stellenwert in ihrem Alltag ein. Das legt bereits die Antwort auf die Frage nahe, warum wir nicht alle – angesichts der angenehmen Wirkung von psychoaktiven Substanzen – dauernd die stärksten Drogen zu uns nehmen, um ständig in einer guten Stimmung zu sein. Die Gründe dafür sind, kurzgefaßt:

- Jede Glücksquelle hat einen abnehmenden Grenznutzen. Um das zu verstehen, muß man nur vier Wochen lang jeden Tag sein Lieblingsgericht essen…

- Das menschliche Glücksverlangen ist komplex und vielschichtig. Die meisten Menschen finden es unvernünftig, langweilig oder schädlich, sich durch die übermäßige Konzentration auf *eine* Quelle von positiven Gefühlen gewissermaßen selbst des Spaßes zu berauben, den die Erhaltung einer Vielfalt von kleineren «Verstärkern» gewährt. Da gibt es die Sexualität – aber auch die Befriedigung, die sich durch die Sublimierung sexueller Antriebe erzielen läßt. Da gibt es die Karriere – aber auch die Befriedigung im Familienleben, den Spaß an Sport, Urlaub und Freizeit. Vor allem aber gibt es kurzfristige, mittelfristige und langfristige Projekte, von denen man sich zu jeweils verschiedenen Zeitpunkten unterschiedliche «Belohnungen» verspricht. Dies alles zu organisieren und zu optimieren ist keine leichte Aufgabe – und der intensive Drogenkonsum wirkt dabei letztlich störend und gefährdend.

- Staat und Gesellschaft treffen eine Vorauswahl durch soziale Kontrolle. Individuelle Konsumentscheidungen sollen von vornherein durch die negative soziale Bewertung «harter» Drogen in eine möglichst wenig riskante Richtung gelenkt werden. Dabei werden zusätzliche Nachteile gleichsam künstlich mit dem Gebrauch bestimmter Drogen und Konsumformen verknüpft. Gelegentlich zeitigt diese Politik allerdings paradoxe Folgen.

- Rationale Entscheidungen: Die Reizung des Belohnungssystems im Gehirn ist nur eine Seite der Medaille, wenn man auf der anderen Seite weiß, daß man die angenehmen Gefühle bezahlen muß mit Geld, mit Nebenwirkungen und Risiken, die den finanziellen und gesundheitlichen Ruin bedeuten können, aber auch die soziale Ausschließung und den frühen Tod.

Wenn sich aber die Frage, warum wir nicht alle dauernd die stärksten Drogen zu uns nehmen, so überzeugend beantworten läßt, dann ist es um so schwieriger, sich in die Situation derjenigen einzufühlen, die trotzdem genau das tun, wovor die eigene Vernunft, die Familie, Freunde und Bekannte sie bewahren wollen. Warum entscheiden Menschen sich trotz überragender innerer («Lungenkrebs») und/oder äußerer («Gefängnis») Risiken für die Fortsetzung oder gar Intensivierung des Drogenkonsums?

Was die äußeren Nachteile angeht, so besteht der Erklärungsbedarf hier vor allem in bezug auf die Frage, warum Individuen auch solche Drogen nehmen, deren Beschaffung und Besitz das Risiko der Strafverfolgung beinhaltet. Die entscheidende Frage ist dann also nicht die, warum jemand überhaupt Drogen nimmt, sondern warum er zu illegalen Handlungen bereit ist. Diese Frage betrifft weniger die Drogen- als die Kriminalitätsforschung.

Was die unvernünftige Intensivierung des Konsums trotz «intrinsischer» (innerer) Nachteile angeht, so spielen hier wohl Verdrängungen und Rationalisierungen, aber auch die bei manchen Menschen stärker als bei anderen ausgeprägte Unfähigkeit eine Rolle, sich von zeitlich weit entfernten «Kosten» eines aktuellen «Gewinns» beeindrucken zu lassen. Vor allem aber sollte man sich vergegenwärtigen, daß das **Ausbalancieren der verschiedenen Glücksquellen** von jedem Menschen, auch wenn er sich nicht jederzeit Rechenschaft darüber ablegt, ein hohes Maß an Selbstkontrolle erfordert.

Die **Gründe für den Verlust der Balance** liegen nie in der Droge oder in sonst einem Umstand allein. Sie sind immer zu denken als Resultat des Aufeinandertreffens von individuellen Eigenschaften, aktueller Situation und Suchtmittel. Die älteren **biologischen Theorien** wollten dagegen die Sucht häufig auf nur *einen* Verursachungsfaktor wie zum Beispiel auf eine erbliche Allergie, falsche Ernährung oder organische Hirnschädigungen zurückführen. Neuere biologische Theorien konzentrieren sich mehr auf das «Wie» des Zusammenspiels von Biologie und Umwelt. Soweit sie **genetisch orientiert** sind, versuchen sie ihre Hypothesen durch Familienuntersuchungen, aber auch Zwillings- und Adoptionsstudien zu untermauern, wie sie auch aus der Intelligenzforschung bekannt sind. Dänische, schwedische und US-amerikanische Adoptionsstudien aus den siebziger Jahren fanden zwar übereinstimmend starke Anhaltspunkte für die Relevanz genetischer Faktoren bei einem bestimmten Typus des früh einsetzenden männlichen Alkoholismus, doch mußten sie sich wegen verschiedener methodischer Probleme (z. B. bei den Diagnosekrite-

Die Trias der Suchtursachen

Person

- Vererbungsfaktoren
- prämorbide Persönlichkeitsfaktoren
- biomedizinische Faktoren
- frühkindliche Lebenssituation
- Erwartungshaltungen

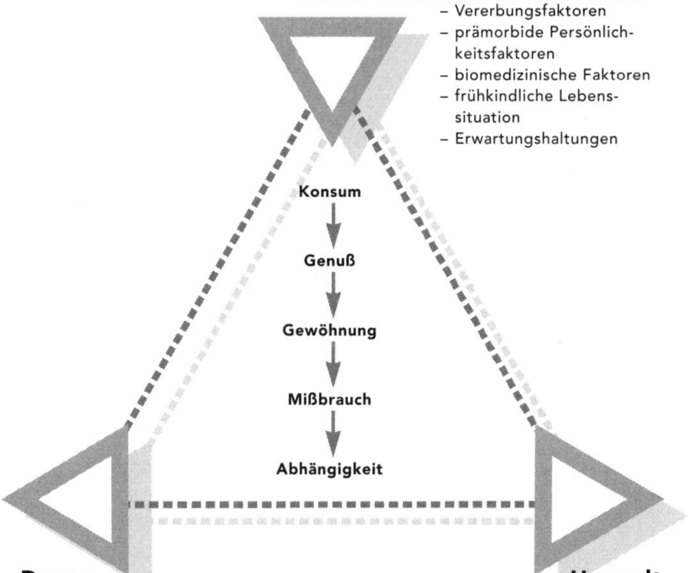

Droge

- Art und Verfügbarkeit
- Dosis
- Dauer der Einnahme
- Griffnähe

Umwelt

Gesellschaft

- gefährdende Leistungs- und Konkurrenzsituationen
- Mangel an Zukunftsperspektiven und Alternativen
- Konsumorientierung
- fehlende Wertorientierung

Sozialer Nahraum

- gefährdende Familiensituationen
- Belastungen in Schule, Ausbildung, Beruf und Freizeit
- überfordernde Konflikte
- fehlende Beziehungen und soziale Ressourcen
- Partnerschaftsprobleme

Quelle: Horst Arend: Alkoholismus – Ambulante Therapie und Rückfallprophylaxe, Weinheim 1994 rien für «Sucht», «Abhängigkeit» und «Alkoholismus») auch harte Kritik gefallen lassen, so daß die Frage in den neunziger Jahren wohl wieder als offen zu behandeln ist.

Kontrollierter Konsum

Es gibt keine völlig ungefährlichen Drogen, aber es gibt auch keine Droge, die von sich aus und auf jeden Fall süchtig macht. Mehr noch: auch Drogen, von denen landläufig angenommen wird, daß ihr Konsum nach kurzer Zeit mit Sicherheit zur körperlichen Abhängigkeit führt, können über Jahre hinweg regelmäßig konsumiert werden, ohne Abhängigkeit zu erzeugen. Des Rätsels Lösung liegt nach Ansicht des US-amerikanischen Drogenforschers Wayne M. Harding in der Art und Weise des Konsums. Die von ihm erforschten Heroinkonsumenten, die trotz jahrelangen Konsums nicht körperlich abhängig wurden, hatten mit ihrer «privaten Suchtprävention» vor allem deshalb Erfolg, weil sie sich bestimmte Regeln und Rituale gegeben hatten, die einen gemäßigten Opiatgenuß festschrieben und gefährlichen Situationen vorbeugten. Als wirksam erwiesen sich vor allem die folgenden Regeln:

- die Häufigkeit des Konsums auf ein geringes Maß beschränken;
- den Gebrauch auf Orte und Personen beschränken, die ein positives Drogenerlebnis begünstigen (z. B. nie allein oder mit Fremden);
- unerwünschte Nebenwirkungen in Betracht ziehen und Vorsichtsmaßnahmen treffen (z. B. kein «needle-sharing», Verabredung von Verhalten in Notfällen);
- dem Konsum einen beschränkten Platz im Alltag zuweisen und Verpflichtungen und Beziehungen eingehen, die nichts mit dem Drogenkonsum zu tun haben.

Konzeptionell hat sich manches geändert. Während man früher nach einem **«Alkoholismus-Gen»** suchte, glaubt man heute, daß die Wahrscheinlichkeit der Existenz eines solchen Gens etwa genauso hoch einzuschätzen ist wie die eines «Fußballfan-Gens» oder eines «Briefmarkensammler-Gens». Gegenwärtig herrscht die Auffassung, daß Alkoholismus eine «polygenetische und multifaktorielle Störung» sei; man sucht deshalb eher nach vermittelnden Merkmalen oder Faktoren, die entweder genetischer oder aber auch elektrophysiologischer, neuropsychologischer, kognitiver, psychologischer oder biochemischer Art sein können.

Die meisten **psychoanalytischen Ansätze** erklären die Sucht unter Hinweis auf Abhängigkeitsbedürfnisse, die im Gefolge psychosexueller Entwicklungsstörungen auftreten. Viele Analytiker gehen davon aus, daß das «Ich» des Süchtigen unterentwickelt, aber auch das «Über-Ich» als der «im Alkohol lösliche Teil der Persönlichkeit» (Otto Fenichel) beim Süchtigen entweder allzu schwach oder aber allzu sadistisch orientiert sei. Der exzessive Drogenkonsum ist dann der Versuch, das chronische Ich- und Über-Ich-Defizit, insbesondere die fehlenden Abwehrmechanismen, zu kompensieren.

Eine andere analytische Richtung, die sich auf die früheste Entwicklungsphase des Kindes konzentriert («Objektbeziehungstheorie»), sieht die Sucht als Spätfolge einer Problematik im Babyalter an – und damit als Äquivalent zu (anderen) psychosomatischen Störungen, Psychosen und Borderline-Phänomenen. In diesen Zusammenhang gehören auch Deutungen der Sucht als einer Art hinausgezögerten Selbstmords. Warum die eine Person aufgrund derartiger Defizite eine Neurose, die andere eine Abhängigkeit und wieder eine andere eine Sucht entwickelt, bleibt dabei freilich unbeantwortet.

Die **Lern- bzw. Verhaltenstheorien** als die theoretischen Gegenspieler der Psychoanalyse gehen davon aus, daß Drogenkonsum als Mittel zur Bewältigung sozialer Situationen

Suchtprävention durch Genmanipulation?

1993 machte der US-Neurologe R. O. Brady von den National Institutes of Health einen radikalen Vorschlag. Um dem Alkoholismus in den Ländern grundsätzlich vorzubeugen, in denen er heute am weitesten verbreitet ist (Europa, USA), solle man sich an der genetischen Ausstattung vieler asiatischer Völker orientieren. Etwa der Hälfte aller Japaner und Chinesen fehle nämlich das Enzym Aldehyd-Dehydrogenase, das im menschlichen Körper für die Unschädlichmachung eines giftigen Alkohol-Abbauprodukts zuständig ist. Statt in der Leber verarbeitet zu werden, führe das Acetaldehyd zu einer kleinen Blutvergiftung – mit der vielen Asiaten bekannten Folge, daß schon der Konsum kleinerer Mengen Alkohols zu Übelkeit und Erbrechen, Kopfschmerzen und Herzklopfen führt. Da im Verlauf der Vergiftung auch der Kopf rot anläuft, ist dieses Phänomen als «Oriental Flush» oder «Flushing-Syndrom» bekannt.
Legte man durch eine kleine genetische Manipulation dieses Enzym auch im Körper von Europäern und US-Amerikanern lahm, so Brady, so würde man auch hier – wie in China und Japan – extrem geringe Alkoholismusraten erzielen können.
Von prinzipiellen ethischen Fragen einmal abgesehen, erfordert die These offenbar noch genauere Untersuchungen. Denn merkwürdigerweise weisen gerade die angeblich immunisierten Volksgruppen in Nordamerika die höchsten Alkoholismusraten auf (Eskimos und Indianer). Offenbar können also ungünstige Lebensumstände dazu führen, daß die scheinbar «genetisch immunisierten» Menschen trotz allem in betäubender Absicht zu Alkohol greifen – und damit noch verheerendere Folgen provozieren.

erlernt wird – und häufig auch positiv funktioniert. Paradoxerweise wird Drogenkonsum dann auch benutzt, um die negativen Folgen des Drogenkonsums zu vergessen, also zumindest kurzfristig zu bewältigen. Dadurch entsteht ein Teufelskreis: Während Drogenkonsum zunächst psychische Spannungen (Streß) reduziert, werden die Nebenfolgen dieses erwünschten Effekts bald zu einem eigenständigen Problem, das seinerseits Spannungen hervorruft – und mit Drogenkonsum gelöst wird oder zumindest gelöst werden soll.

In jeder Gesellschaft sind es Personen, die süchtig werden – nicht Institutionen, Schichten, Machtkonfigurationen oder Teilbereiche des psychischen Apparats. Es ist deshalb durchaus legitim, daß die meisten Menschen, wenn sie am Problem Sucht interessiert sind, zunächst einmal wissen wollen, ob es eine einzigartige Konstellation von Persönlichkeitsmerkmalen gibt, die den Süchtigen vom Nichtsüchtigen schon *vor* dem Beginn einer Suchtkarriere unterscheidet. Das ist die (von Psychologen zu beantwortende) Frage nach der **Suchtpersönlichkeit** und ihren Merkmalen. Um dieser Frage nachzugehen, pflegte man früher den in «Kliniken» und «Heimen» (mehr schlecht als recht) untergebrachten Süchtigen (oder denjenigen, die man dafür hielt) standardisierte Persönlichkeitstests vorzugeben und die Ergebnisse dann mit denen von (hoffentlich) Nichtsüchtigen zu vergleichen. Diese Methode führte zu keinen aussagekräftigen Ergebnissen. Doch die Suche wurde nie aufgegeben, und die Methoden wurden zusehends verfeinert.

Heute verfügt man über prospektive Längsschnittstudien, die zumindest einigermaßen plausible Hypothesen ermöglichen. Personen, die später zu Süchtigen werden, zeigen danach schon vor Beginn ihrer Suchtkarriere folgende **Persönlichkeitsmerkmale**: Sie sind an Unabhängigkeit und Unkonventionalität interessiert, weniger an konventionellen Leistungen; sie besitzen eine geringe Erfolgserwartung und

Religiosität, dafür aber eine höhere Toleranz für Fehlverhalten wie Lügen, Stehlen, Schwindeln, Aggression; im Vordergrund steht, mangels anderer Möglichkeiten oder anderer Interessen, der kurzfristige Erfolg, die impulsive Aktion und ein erhöhtes Bedürfnis, ihre offenbar häufig tiefer liegenden, in gestörten Familienzusammenhängen liegenden Kümmernisse und Störungen «auszuagieren». Und so kommt man denn heute zu einer Reihe von Vermutungen, die freilich noch darauf warten, zu einem kompletten Puzzlebild zusammengesetzt zu werden:

1. Spätere Süchtige werden durch eine vorausgehende **«gespannte Depressivität»** für die angenehmen Wirkungen der Droge empfänglich gemacht. Der Euphorie als Folge des Drogenkonsums folgt sehr schnell die Rückkehr zum depressiven Zustand, der dann noch unerträglicher erscheint als vorher. Was Süchtige dringender als andere Menschen suchen, sind Selbstvertrauen und Optimismus. Starke Gefühle der Unzulänglichkeit, geringes Selbstbewußtsein und Unfähigkeit, Befriedigung in der Arbeit und in Beziehungen zu anderen zu finden – all diese Symptome wurden des öfteren zum Beispiel bei jungen Heroinsüchtigen beobachtet.

2. Ein als Zeichen der Unreife angesehenes Drängen auf **sofortige Erfüllung ihrer Bedürfnisse** wird immer wieder als Merkmal von Alkoholikern beschrieben. Zudem wird ihnen häufig eine feindselig-depressive Art und eine gewisse Skrupellosigkeit bei der Ausnutzung anderer Menschen bescheinigt, die offenbar mit ihrer Schwierigkeit zusammenhängt, sich in andere Menschen hineinzuversetzen bzw. sich ihnen nahe zu fühlen.

3. **Bedürfnisse nach starken Gefühlserfahrungen** und **Indifferenz gegenüber sozialen Normen** werden als charakteristisches Merkmal von starken Rauchern, Trin-

kern, Amphetamin- und Kokainkonsumenten angesehen. Psychologische Tests können nachweisen, daß Menschen mit verschiedenen Arten süchtigen Verhaltens gleichermaßen zu unkonventionellen Werten und einer zumindest scheinbaren Gleichgültigkeit gegenüber sozialen Standards tendieren. Sie zeigen geringe Reue über die Verletzung dieser Standards. Sie tendieren dazu, unmittelbare Belohnungen und Aufregungen zu suchen, und sind unfähig, auf langfristige Ziele und Belohnungen hinzuarbeiten.

4. Die **Unfähigkeit zu natürlicher Euphorie** steht für den Suchtursachenforscher George B. Greaves im Vordergrund. Er meint, daß vor allem solche Personen süchtig werden, die Mühe haben, angenehme sinnliche Erfahrungen zu machen. Nachdem sie mit Drogen experimentiert haben, neigen sie dazu, diese Wirkstoffe in großen Mengen zu verwenden, um einen Teil des Schmerzes und der Angst zu beseitigen, die mit einem apathischen, freudlosen Leben einhergehen.

5. Eine **Unterstimulierung des Belohnungssystems** kann viele der immer wieder beschriebenen Symptome erklären helfen. So ist bei Süchtigen häufig ein Mangel an bestimmten Stoffen des Belohnungssystems und speziell an Beta-Endorphin festgestellt worden. Es fehlt ihnen also gerade jene Substanz, die uns normalerweise schon bei elementaren Lebensäußerungen und Routineaktivitäten mit einem gewissen Maß an Wohlgefühl ausstattet. Ein solcher Mangel an Belohnungsstoffen, der Menschen dazu tendieren läßt, starke Reize zu suchen, um die Unterstimulierung auszugleichen, *kann* angeboren sein, kann aber auch zum Beispiel durch frühkindliche Erlebnisse erworben werden.

Eine wichtige psychologische Kategorie zum Verständnis der Sucht ist der **«locus of control»**; er beschreibt, wo – im Bewußtsein eines Menschen – der Ort ist, an dem die entscheidende Kontrolle über sein Leben ausgeübt wird. Wer glaubt, sein Leben weitgehend selbst gestalten zu können, bei dem spricht man von einem internen Ort der Kontrolle («internal locus of control»); wer sich aber als Spielball von Glück und Pech, Schicksal oder göttlichen Mächten sieht, bei dem spricht man von einem externen «locus of control».

Für die geistige Gesundheit jedes Menschen ist es wichtig, zumindest in gewissem Maße auf die eigenen Kräfte zu vertrauen, Zukunftspläne zu schmieden und die Konsequenzen des eigenen Handelns zu antizipieren. Wer sich hingegen bloß als eine Art Billardkugel sieht, die auf äußere Anstöße angewiesen und ihnen hilflos ausgeliefert ist, wird sein Leben als sehr freudlos empfinden und keinen Sinn darin sehen, Anstrengungen zu einer Verbesserung der Lebensumstände zu unternehmen. Der einfachste Weg der Luststimulierung ist dann natürlich besonders attraktiv. Es ist deshalb kein Wunder, daß Süchtige regelmäßig den «locus of control» außerhalb ihrer selbst sehen.

Die Drogenszene als Zuhause

« In den Biographien vieler Frauen sind Drogen als Vehikel eingebunden, Anerkennung und Zugehörigkeit zu einer bestimmten Clique zu finden, um sich gleichzeitig von den Normen im Elternhaus abgrenzen zu können. Frauen suchen in der Drogenszene ein Zuhause, eine eigene Identität. Heroin als Schlankmacher kenne ich ebenso wie Valium als Möglichkeit, endlich einmal frei von Unsicherheiten zu sein und Kontakte knüpfen zu können – hier insbesondere zu Männern –, ohne sich klein und unscheinbar zu fühlen. »

Jutta Rahmeier, *Menschenwürde in der Drogenpolitik*, Hamburg 1993

Um süchtig zu werden, bedarf es nicht nur und nicht einmal immer einer Droge, es bedarf aber immer einer gewissen Anfälligkeit der Person. Diese Anfälligkeit kann situativ geschaffen und vorübergehender Natur sein (wie auch die Sucht meist, entgegen einer weitverbreiteten Meinung, nur eine Phase im Leben darstellt), sie kann aber auch tiefer in der Persönlichkeit begründet sein und jahrelang als latente Bereitschaft existieren, bevor es zur Sucht kommt. Ist aber erst einmal die Anfälligkeit gegeben, dann ist es in mancher Hinsicht nur noch eine Frage des Zufalls, ob, wann und von welcher Droge oder Aktivität die Person so abhängig wird, daß man von einer Sucht sprechen muß.

Soziologische Suchttheorien behandeln zum einen die Sozialisation als den Prozeß, durch den die Gesellschaft ihre Verhaltensstandards einschließlich ihrer Werte, Normen, Techniken und Ängste an die jeweils nachfolgende Generation weitergibt. Hier wird zwar vieles erforscht, doch selten mit hinreichender Genauigkeit, so daß die Ergebnisse bislang wenig hergeben. Ähnlich verhält es sich mit den Studien, die zur Bedeutung der Gleichaltrigen («Peer-group») durchgeführt wurden.

Soziodemographische Ansätze spüren den Zusammenhängen zwischen Drogenkonsum / Sucht einerseits und den wichtigsten soziologischen Kategorien wie Geschlecht, Alter, Schicht, Beruf usw. nach. Folgende Ursachen werden immer wieder belegt: Adoleszenzkrisen führen bei jungen Leuten zu Suchtverhalten; Einsamkeit bei alten Leuten; Berufsstreß und Arbeitslosigkeitsstreß bei Männern; Mißbrauchsprobleme in der Kindheit und spätere Partnerkonflikte bei Frauen; auch Wohnort, Schicht, ethnische und konfessionelle Zugehörigkeit spielen eine Rolle. Doch die Vorhersagekraft solcher sehr abstrakter Kategorien erscheint den kritischen Forschern inzwischen selbst eher schwach.

Sucht und Geschlecht

Es gibt Männersüchte und Frauensüchte (*m*: Arbeits-, Spiel- und Sexsucht; *w*: Mager-, Tabletten- und Liebessucht), so wie es Männerdrogen und Frauendrogen gibt (*m*: Alkohol; *w*: Beruhigungs-, Schmerz- und Schlafmittel). Magersüchtige sind zu 95% Frauen; 9 von 10 Arzneimittelsuchtpatienten sind Frauen; hingegen verfügen Männer in den Therapieeinrichtungen für Alkoholiker über eine satte Zweidrittelmehrheit. Diese Zuordnungen sind jedoch nicht ein für allemal festgeschrieben: Die Männersucht von heute ist womöglich die Frauensucht von morgen (und umgekehrt). Was Zigaretten angeht, scheint ein solcher sozialer Wandel gerade stattzufinden (Zunahme weiblicher Konsumenten).

Es gibt komplexe Gründe dafür, warum manche Drogen und Süchte heute als Frauen-, andere als Männersache gelten. Sie betreffen den weiblichen Lebenszusammenhang und die Geschlechtsrollenstereotype, unterschiedliche Zugangschancen, informelle und formelle soziale Kontrollen, aber auch verschiedene Situierungen im symbolischen Universum einer jeden Gesellschaft und vieles andere mehr. Zu klären wäre noch, inwieweit diese kulturellen Erwartungen wiederum in Wechselwirkung mit geschlechtsspezifischen Risiken irreversibler Organschädigungen stehen. So ist die Leber von Frauen gegenüber Alkohol wesentlich empfindlicher als diejenige von Männern. Das statistische Risiko einer alkoholbedingten Leberzirrhose steigt z. B. bei Männern jenseits von 60 g reinem Alkohol pro Tag allmählich an, bis es bei einer Menge von 180–240 g dann das 50fache ausmacht. Bei Frauen schnellt es bereits jenseits von 20 g am Tag in die Höhe, um sich schon bei 180–220 g auf das 285fache zu erhöhen. Frauen mit dieser Erkrankung haben zudem einen schweren und kurzen Krankheitsverlauf und weisen ein Todesalter auf, das im Durchschnitt um etwa 10 Jahre niedriger liegt als das von Männern mit derselben Erkrankung.

Die **soziokulturellen Theorien** beleuchten erstens das Ausmaß, in dem eine Kultur bei ihren Gesellschaftsmitgliedern psychische Spannungen hervorruft, zweitens die Einstellungen, die eine Gesellschaft ihren Mitgliedern in bezug auf (exzessiven) Drogenkonsum vermittelt, und drittens das Ausmaß, in dem eine Kultur Alternativen zur Streßbewältigung bereithält. Forscher in diesem Bereich stellen immer wieder fest, daß vormoderne Kulturen mit einer rituellen Ordnung praktisch keine Suchtprobleme aufweisen. Auch wenn womöglich in diesem Bereich die interessantesten Forschungsperspektiven liegen, so ist hier doch bislang zuwenig geleistet worden, um über nennenswerte Resultate zu berichten.

Einmal süchtig – immer süchtig?

Es hat sich herumgesprochen, daß der **Rückfall** eine natürliche und häufige Erscheinung auf dem Weg zur Überwindung der Sucht ist. Doch selbst bei Drogen, die körperlich stark abhängig machen, dauert es nach dem Absetzen der Substanz nicht mehr als ein paar Tage, bis sich der Körper an die neue Situation angepaßt hat und die Entzugserscheinungen verschwinden. Ein späterer Rückfall ist dann nicht mehr mit den ursprünglichen, wohl aber mit den sogenannten **«konditionierten Entzugserscheinungen»** zu erklären, die auch noch lange nach den letzten Drogenerfahrungen auftauchen können. Sie sind Folge bestimmter äußerer Reize, die vom Süchtigen mit seiner Droge in Verbindung gebracht werden.

Eine typische Situation ergibt sich nach Rückkehr aus der erfolgreich beendeten stationären Langzeittherapie. Kommt der als «geheilt» Entlassene in die räumliche und / oder soziale Situation von früher zurück und nimmt plötzlich wieder aus

Einmal süchtig – immer süchtig?

Ein Teufelskreis-Modell der Drogenkarriere

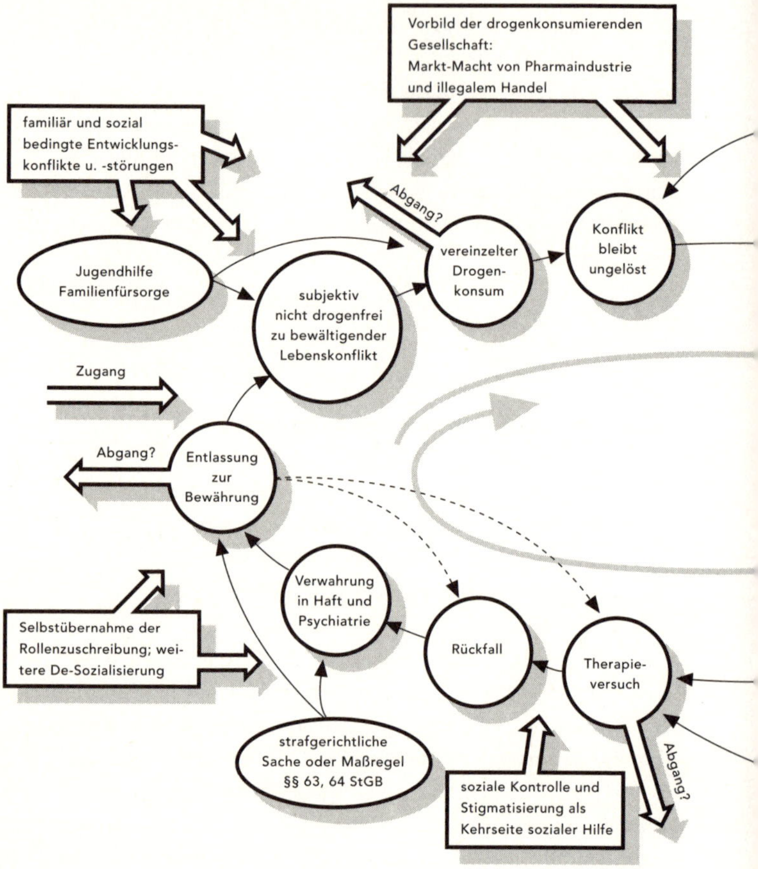

Quelle: L. Böllinger / H. Stöver: Drogenpraxis, Drogenrecht, Drogenpolitik, Frankfurt am Main (3. Auflage) 1992

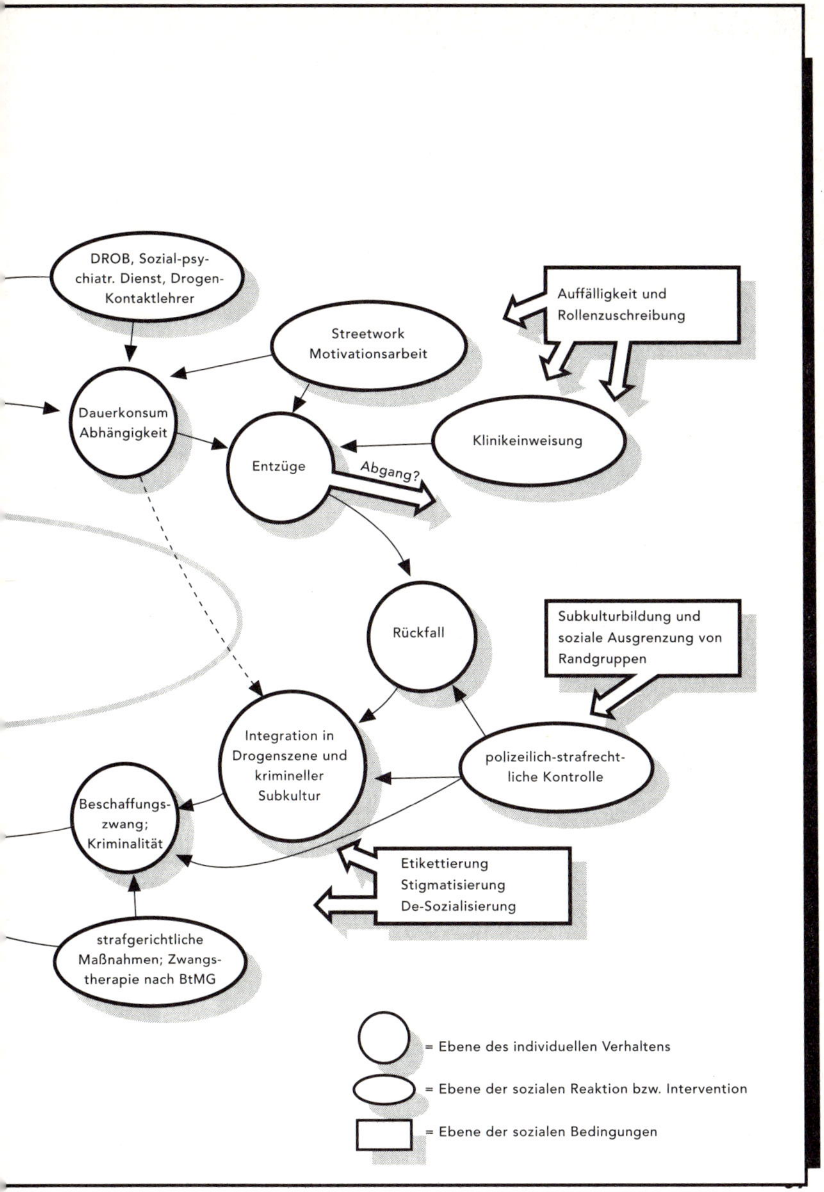

DROB, Sozial-psychiatr. Dienst, Drogen-Kontaktlehrer
Auffälligkeit und Rollenzuschreibung
Streetwork Motivationsarbeit
Dauerkonsum Abhängigkeit
Entzüge
Abgang?
Klinikeinweisung
Rückfall
Subkulturbildung und soziale Ausgrenzung von Randgruppen
Integration in Drogenszene und krimineller Subkultur
polizeilich-strafrechtliche Kontrolle
Beschaffungszwang; Kriminalität
Etikettierung Stigmatisierung De-Sozialisierung
strafgerichtliche Maßnahmen; Zwangstherapie nach BtMG
= Ebene des individuellen Verhaltens
= Ebene der sozialen Reaktion bzw. Intervention
= Ebene der sozialen Bedingungen

der damaligen Zeit bekannte Melodien, Gerüche, Räume und Personen wahr, die für ihn untrennbar mit Entzug und Verlangen assoziiert sind, so können sofort wieder körperliche Entzugserscheinungen einsetzen, die er längst für überwunden gehalten hatte. Der Opiatabhängige, der vielleicht schon über ein Jahr um seine Abstinenz gekämpft hat, wird zu seiner eigenen Überraschung rückfällig. Solche konditionierten Entzugserscheinungen können auch das Verlangen des Alkoholikers oder Rauchers erklären, das sich zum Beispiel einstellen kann, wenn er nur eine Zeitung zur Hand nimmt – weil er früher zur Zeitung einen Cognac zu nehmen oder eine Zigarette zu rauchen pflegte.

Nimmt ein erfolgreich therapierter Ex-Fixer allerdings beim Rückfall die von früher gewohnte Drogendosis zu sich, kommt es unter Umständen zum Überdosis-Tod. Von der wahrlich paradoxen Situation, daß er statistisch sowohl als Therapieerfolg wie auch als Rauschgifttoter gezählt wird, merkt er dann nichts mehr. Vermeidet oder überlebt er jedoch Infektions- und Überdosierungsrisiken, dann stehen die Chancen gar nicht schlecht, daß er nach einiger Zeit seine Sucht überwindet – und dies sogar ohne Therapie.

Es gibt die weitverbreitete Vorstellung, daß jemand, der einmal der Sucht verfallen sei, für immer süchtig bleibe. Doch die Realität sieht anders aus. Sucht nimmt keinen progressiven Verlauf, der ohne stationäre Langzeittherapie oder Selbsthilfegruppen vom Typ der Anonymen Alkoholiker (AA) unabänderlich in Wahnsinn oder Tod führt, sondern ist meist eine eher unregelmäßige Folge von Auf und Ab, Intensität und Abstinenz, das nach einer gewissen Zeit auch ohne professionelle Hilfe einem kontrollierten Konsum oder gar einer – zumindest auf bestimmte Drogen bezogenen – Abstinenz weicht. Für die Frage, wer aus der Sucht «herauswächst» und wer (vorerst noch) nicht, scheinen vor allem **konkurrierende Lebenspläne** von Bedeutung zu sein. Wer noch anderes vorhat, wer Karriere machen und ein Haus kaufen, heiraten und Kinder kriegen (oder weniger konventionelle, aber ebenso ernsthafte Pläne realisieren) will, für den oder die bleibt die Sucht praktisch immer eine biographische Episode. Dabei spielen natürlich auch die objektiven Bedingungen eine Rolle. Eine Person, der weniger Chancen offenstehen, wird für das Herauswachsen aus der Sucht unter Umständen sehr viel länger brauchen als die meisten anderen. Auch die Sucht kennt und respektiert insofern, wie die meisten Krankheiten, die feinen Unterschiede zwischen sozialen Statusgruppen. Und auch deswegen variiert die Dauer der Suchtphase im Leben verschiedener Menschen so erheblich (nämlich zwischen ein oder zwei Jahren bis zu 25 und mehr).

Panorama: Süchte mit und ohne Drogen

Vor allem bei den illegalen Drogen behindert die Angst der Konsumenten vor Strafverfolgung jeden Versuch exakter Datenerhebung. Noch gravierender wirken sich die Mißverständnisse aus, die durch unklare Sucht- und Abhängigkeitskriterien zustande kommen. Die meisten der im folgenden genannten Zahlen beruhen denn auch nur auf Schätzungen unterschiedlicher Qualität. Sie können und sollen nur einen ungefähren Anhaltspunkt dazu liefern, was man gegenwärtig zu wissen glaubt.

Alkoholismus. Alkohol ist die **Volksdroge der Deutschen**. Während nur etwa drei von zehn Bundesbürgern Raucher sind, nehmen immerhin acht von zehn mehr oder minder regelmäßig Alkohol zu sich. In der EU stehen die Deutschen, nachdem sich die französischen Trinksitten («Rotwein zum Mittagessen») etwas europäisiert und damit den Verbrauch reduziert haben, in puncto Alkohol mit einem

Die Deutschen sind Spitze

Alkoholkonsum in Westeuropa: Pro-Kopf-Verbrauch reinen Alkohols in Litern

Quellen: Focus 1/1995 (imu) und Jahrbuch Sucht '95, DHS
Deutsche Hauptstelle gegen die Suchtgefahren, Geesthacht 1994

*Obwohl der Pro-Kopf-Verbrauch an Alkohol in Deutschland seit 10 Jahren zurückgeht, stehen die Deutschen im europäischen Vergleich seit kurzem dennoch an der Spitze. Grund: In Frankreich ist der Alkoholkonsum seit 1960 noch stärker rückläufig. Ganz entschieden ist das Rennen allerdings noch nicht: Je nach (national variierenden) Berechnungsgrundlagen belegt Deutschland mal den ersten, mal den zweiten oder auch nur den dritten Platz.

jährlichen Pro-Kopf-Verbrauch von rund 12 Litern «reinem Alkohol» wieder an erster Stelle.

Nun sagt die Verbreitung des Konsums nicht unbedingt etwas aus über die Zahl und Intensität der Alkoholprobleme oder gar über die Zahl der Süchtigen. Schwierigkeiten mit dem Konsum haben bei Alkohol (wie bei Nikotin) trotz seiner langen kulturellen Einbindung immerhin mehr als 5% der Konsumenten. Die Deutsche Hauptstelle gegen die Suchtgefahren (DHS) meint, daß immerhin drei von 100 Bundesbürgern (nämlich 2,5 Millionen) als behandlungsbedürftige Alkoholiker zu gelten hätten, weil ihr wöchentlicher Alkoholkonsum sich auf 560 Gramm oder mehr reinen Alkohols summiert (das entspricht z. B. 8 Liter Bier + 3 Liter Wein). Nun ist die DHS eine Art Dachorganisation zahlreicher Mäßigkeits- und Abstinenzverbände und legt womöglich einen sehr strengen Maßstab an. Die meisten der 2,5-Millionen-Schar sind wohl durchaus kontrollierte «Normaltrinker». Richtig ist allerdings, daß auch sie nicht vor den körperlichen Risiken des Alkoholkonsums gefeit sind: Wer zum Beispiel statt 560 immerhin 980 Gramm zu sich nimmt (etwa täglich 2 Liter Wein), erhöht sein Leberzirrhose-Risiko als Mann um das 600fache, als Frau um einen noch viel höheren Faktor. Um irgendwann zu den **jährlich 30000–40000 Opfern** zu zählen, die an den körperlichen Folgeschäden langdauernden Alkoholkonsums sterben (Leberzirrhose, bösartige Neubildungen der Leber- und Gallengänge, Bauchspeicheldrüse), bedarf es weder einer körperlichen Abhängigkeit noch einer Sucht. Von den tödlichen Verkehrsunfällen und Aggressionsdelikten unter Alkoholeinfluß ganz zu schweigen.

Wie viele der Alkoholabhängigen tatsächlich süchtig sind, wie hoch ihre Kriminalitätsbelastung und ihre Mortalität ist, ist nicht genau bekannt. Doch auch über den Verlauf, den Krankheitscharakter und die möglichen Wege und Ziele einer

Alkoholismus-Therapie weiß man nach wie vor sehr wenig. So klassifiziert man Alkoholiker im allgemeinen immer noch nach der von dem amerikanischen Arzt und Sozialforscher E. M. Jellinek vorgeschlagenen Typologie. Danach gibt es fünf Trinker-Typen:

- **Problem- und Erleichterungstrinker** (Alpha-Alkoholiker) trinken wegen Konflikten und Problemen, um Angst oder Spannungen abzubauen, Verstimmungen zu beheben oder um Ärger «runterzuspülen».
- **Gelegenheitstrinker** (Beta-Alkoholiker) trinken zu bestimmten Anlässen, Familienfeiern, Arbeitsjubiläen oder beim allabendlichen Treff in der Kneipe. Auch vor dem Fernseher, mit Knabberzeug und Zigaretten, frönt der Gelegenheitstrinker seiner liebgewordenen Gewohnheit.
- **Abhängige Trinker** (Gamma-Alkoholiker) können ihren Alkoholkonsum nicht mehr steuern. In den meisten Fällen liegt eine körperliche Abhängigkeit vor, sicherlich aber besteht eine psychische. Daß der Gamma-Alkoholiker auch über Tage oder Wochen ohne Alkohol auskommen kann, täuscht ihn und andere über die Krankheit hinweg.
- **Spiegeltrinker** (Delta-Alkoholiker) müssen ihren Blutalkoholspiegel – im Trinkerjargon ihren «Pegel» – halten, weil es bei mangelnder Alkoholzufuhr zu quälenden Entzugserscheinungen kommt. Spiegeltrinker sind körperlich alkoholabhängig.
- **Quartalssäufer** (Epsilon-Alkoholiker) sind oft tagelang ruhelos und reizbar, trinken dann maßlos und leben über Tage nur im Rausch. Dann folgen wochenlange Phasen ohne ein Bedürfnis nach Alkohol, bis das nächste große Saufen beginnt. Bei den Trinkexzessen ist der «Kontrollverlust» die Regel.

Die Annahme Jellineks, daß es sich jeweils um Ausdrucksformen einer Krankheit handele, die unweigerlich bis zum Ruin des Betroffenen fortschreite, wenn ihr nicht durch strikte Abstinenz Einhalt geboten wird, hat noch heute viele Anhänger, und dies zum Teil aus ganz praktischen Gründen. Den Alkoholismus als Krankheit aufzufassen kann helfen, die Betroffenen vor sozialem Ausschluß und allzu harscher moralischer Verurteilung zu bewahren und die Kostenübernahme ihrer Behandlung durch die Kranken- und Rentenversicherungsträger zu rechtfertigen.

In der Wissenschaft jedoch gelten die meisten Annahmen, die dem Krankheitskonzept zugrunde liegen, mittlerweile als überholt. So hat sich trotz intensivster Suche die klassische Annahme, daß es «die» Trinkerpersönlichkeit gibt, bislang nicht bestätigen lassen. Prinzipiell gilt für Alkohol, daß niemand zur Sucht verdammt, aber auch niemand davor gefeit ist – welche Persönlichkeitsmerkmale er auch immer in sich vereine. Auch die Vorstellung, daß Trinker wie Allergiker prädisponiert seien, so daß ihre Alkoholkrankheit schon beim ersten Tropfen ausbricht, erscheint heute nicht mehr tragfähig. Experimente, die mit Alkoholikern unternommen wurden, stützen auch die berühmte Hypothese nicht, daß Alkoholiker schon bei der geringsten Versuchung unweigerlich einen totalen Kontrollverlust erleben und im Vollrausch enden. Der Kontrollverlust erscheint vielmehr als Folge bestimmter situativer Voraussetzungen.

Auch die organmedizinische Vorstellung, der Alkoholismus verlaufe «progressiv», die «Krankheit» verschlimmere sich also immer weiter, wenn man nicht sofort abstinent werde, wird von der Forschung nicht unterstützt. Langzeitstudien zeigten nämlich, daß ein häufiges Hin und Her zwischen leichten und schweren «Anfällen» kennzeichnender ist als ein stetiger Niedergang. Für die Schwankungen sind ebenfalls größtenteils soziale und psychische Faktoren und nicht allergieähnliche Erscheinungen verantwortlich. Damit gerät aber ein wesentlicher Bestandteil des Krankheitskonzepts ins Wanken, nämlich die Devise «einmal Alkoholiker – immer Alkoholiker». Noch heute handelt sich ein Ex-Alkoholiker den Zorn der AA-Gemeinschaft ein, wenn er sich z. B. nach jahrelanger Abstinenz als «Ex-» zu bezeichnen wagt (AA-Doktrin: ein Alkoholiker bleibt sein Leben lang Alkoholiker, er kann höchstens trocken bleiben, dann ist er ein trockener, aber eben kein ehemaliger Alkoholiker). Schließlich zeigt die empirische Forschung, daß die größeren Erfolge von Behandlungen erzielt werden, die auf kontrolliertes Trinken abzielen anstatt auf totale Abstinenz. Das ist plausibel, denn totale «Trockenheit» ist häufig mit einer so belastenden Außenseiterrolle verbunden, daß dieses Therapieziel nicht wenige Betroffene mittelfristig vor die Wahl stellt, sich entweder von der Gesellschaft abzuschließen oder aber einen baldigen Rückfall zu riskieren.

Arbeitssucht ist möglicherweise die Magersucht der Männer. Die Patienten sind übermäßig leistungsbewußt, diszipliniert und konform. Und ähnlich wie die Magersüchtigen genießen auch die Arbeitssüchtigen auf eine heimlich-triumphale Art ihre überkonforme A-Sozialität: Sie verdienen nicht nur Geld und Anerkennung, sondern verfügen mit dem Satz «Ich muß arbeiten» zusätzlich über ein multifunktionales Bollwerk, mit dem sie sich vor Selbstzweifeln wie auch vor Ansprüchen von Ehefrauen und Geliebten, Kindern, Freunden, Bekannten und Verwandten schützen können. Gerhard Mentzel, Chefarzt der Hardtwaldklinik im nordhessischen Zwesten, fand so erstaunlich viele Parallelen zwischen «workaholics» und Alkoholikern, daß er den bekannten Jellinek-Test auf die von ihm therapierte Arbeitssucht übertrug (siehe Kasten S. 68).

Arzneimittelsucht ist, wenn man sie nicht mit körperlicher Abhängigkeit gleichsetzt, wahrscheinlich weniger verbreitet als weithin angenommen. Da sich eine körperliche Abhängigkeit bei vielen benzodiazepinhaltigen Arzneimitteln schon nach 4–8 Wochen herausbilden kann, ist wahrscheinlich die Mehrzahl der schätzungsweise 600 000 bis 700 000 Langfrist-Konsumentinnen und Konsumenten (hauptsächlich ältere Frauen) körperlich mehr oder minder stark abhängig. Eine Abhängigkeit von solchen Psychopharmaka, die als Schlafmittel (Rohypnol, Noctamid, Halcion, Staurodorm Neu, Dalmadorm) oder Tranquilizer (Adumbran, Diazepam-Ratiopharm, Lexotanil u. a.) verschrieben werden, läßt sich aber häufig unauffällig und für die Betroffenen zumindest subjektiv erfolgreich in ihr Alltagsleben integrieren. Süchtige, die im Gegenteil ihren Alltag ganz auf die Beschaffung und den

Sind Sie arbeitssüchtig?

1. Arbeiten Sie heimlich, zum Beispiel in der Freizeit, im Urlaub?
2. Denken Sie häufig an Ihre Arbeit, etwa, wenn Sie nicht schlafen können?
3. Arbeiten Sie hastig?
4. Haben Sie wegen Ihrer Arbeit Schuldgefühle?
5. Vermeiden Sie in Gesprächen Anspielungen auf Ihre Überarbeitung?
6. Haben Sie mit Beginn der Arbeit ein unwiderstehliches Verlangen weiterzuarbeiten?
7. Gebrauchen Sie Ausreden, weshalb Sie arbeiten?
8. Zeigen Sie ein besonders unduldsames, aggressives Benehmen gegen die Umwelt?
9. Versuchen Sie, periodenweise nicht zu arbeiten?
10. Neigen Sie zu innerer Zerknirschung und dauernden Schuldgefühlen wegen des Arbeitens?...

Die ersten zehn von insgesamt 25 Fragen des Jellinek-Tests zur Erkennung von Alkoholismus. Der Begriff «Trinken» wurde durch «Arbeiten» ersetzt.

Konsum der Droge ausrichten, gibt es vor allem auf der offenen Drogenszene in den Großstädten, wo zum Beispiel illegal erlangtes Rohypnol zusammen mit anderen Mitteln konsumiert wird.

Eßstörungen. Schätzungsweise 4 Millionen Deutsche leiden unter schweren Eßproblemen, also unter latenter oder akuter Fettsucht (Adipositas), Magersucht (Anorexia nervosa) oder Eß- und Brechsucht (Bulimia nervosa). Fast jeder zweite ist übergewichtig, und jeder vierte hat sogar 20 Kilo zuviel. Wenn es stimmt, daß jedes Kilo Übergewicht unsere Lebenserwartung um 8 Monate verringert, dann zelebrieren demnach über 35 Millionen Deutsche mit Messer und Gabel ein langsames Harakiri. Und zahlen für den Lustgewinn, der dadurch entsteht, daß bei der Nahrungsaufnahme euphorisierendes Beta-Endorphin freigesetzt wird, einen hohen Preis. Ihre Probleme sind real und gravierend, auch wenn nicht alle Forscher überzeugt sind, daß sich ihre Verstrickung eines Tages in einer allgemeinen Suchttheorie unterbringen läßt.

Freßsüchtige gibt es also zweifellos. (Freßsucht ist allerdings nicht zu verwechseln mit Fettsucht; das ist eine Krankheit, die von Medizinern bei Überschreitung des «Idealgewichts» um 25% bzw. bei einem Fettgewebeanteil von über 20% bei Männern und über 25% bei Frauen konstatiert wird). Freßsüchtig sind Menschen, die trotz starker Scham- und Schuldgefühle einfach zum kontrollierten Essen unfähig sind und extreme Mengen an Nahrungsmitteln zu sich nehmen. In der Regel sind die Betroffenen (zu 90% Frauen) auch «brechsüchtig»: Sie pendeln gleichsam zwischen Kühlschrank und Klo. Der Frankfurter Psychologe Werner Gross illustriert die Problematik: «Da wird innerhalb dieser Gieranfälle ein ganzer Laib Brot mit einem halben Pfund Butter und Wurstaufschnitt, Käse, zwei Brathähnchen, eine Riesenschachtel Pralinen, zwei Büchsen Kekse und eine Familienpackung Eis verschlungen, dazu Kaffee und Cola. Mitunter hat das Mahl über 20000 Kalorien (...) Die wiederkehrenden Heißhungerattacken treten täglich auf und dauern zwischen 15 Minuten und 4 Stunden. Im Anschluß erbrechen 60% ein- bis zweimal, 30% bis zu sechsmal und der Rest noch häufiger (...) Oft enden die Freßorgien mit einem Weinkrampf. Manche betäuben ihre Depressionen noch mit Alkohol und/oder Schlaf- und Beruhigungspillen. Viele sind selbstmordgefährdet» (*Sucht ohne Drogen*, Frankfurt 1991, S. 38f). Das Problem der Bulimikerinnen und Bulimiker ist also fehlende Selbstkontrolle. Das Problem der Magersüchtigen ist womöglich ein Zuviel davon.

Während Freßsüchtige sich von ihrer Sucht gedemütigt sehen, sind Magersüchtige häufig (zumindest heimlich) stolz auf ihre Leistung, das Hungergefühl zu kontrollieren und zu überwinden. Das Nicht-Essen-Können geht eine schwer durchschaubare Verbindung mit einem Nicht-Essen-Wollen ein, zumal die Magersucht charakteristischerweise mit einer gesteigerten körperlichen Energieentfaltung einhergeht. Wie das Fasten, so kann auch die Magersucht offenbar das Belohnungssystem stimulieren. Insofern hat sie neben depressiven auch euphorische Aspekte, die häufig erst mit wiedereinsetzender Gewichtszunahme einer starken depressiven Verstimmung weichen. Gelegentlich wird die Magersucht deshalb als Ausdruck einer versteckt-triumphalen Eigensinnigkeit, als Revolte durch Übererfüllung gesellschaftlicher Disziplinnormen gedeutet. Der autoaggressive Charakter dieser Revolte paßt – genau wie das Schlankheitsideal, das durch die Magersucht überkonsequent angesteuert wird – eher zur weiblichen denn zur männlichen Sozialisation, und tatsächlich handelt es sich bei den Betroffenen zu mehr als 90% um Frauen, die vor Beginn der Anorexie meist sehr angepaßt und leistungsstark waren. Betroffen sind etwa 1% aller Frauen bis 30 Jahre, also etwa 60000 junge Frauen in Deutschland. Für ca. 4% der Patientinnen endet die Magersucht tödlich. Fälle von Magersucht treten gehäuft auf:

- in Gesellschaften und sozialen Schichten, die das Ideal der «schlanken Linie» betonen, also bei Frauen in den oberen Rängen entwickelter Industriegesellschaften;
- bei besonders intelligenten und leistungsorientierten Persönlichkeiten;
- zusammen mit Zwangshandlungen wie Zählzwang, Nägelkauen usw.;
- wenn schon andere Familienmitglieder betroffen waren / sind;
- bei Personen, die vor oder während der Geburt gehirnschädigende Komplikationen erlitten (rund ein Viertel der Magersüchtigen);
- nach jüngsten Befunden bei Personen mit einer auf Seroninmangel beruhenden Überaktivität in Teilen der rechten Gehirnhälfte (Schweifkern, Stirnhirn), die ihrerseits die Voraussetzungen dafür schafft, daß ein zur Selbstdisziplin verinnerlichter sozialer Druck sich zu Zwangshandlungen bzw. -vorstellungen («fixe Ideen») verdichten kann.

Bezüglich der **Heroinsucht** klaffen Bild und Wirklichkeit besonders weit auseinander:

- Heroin ist eine Substanz, die auch bei chronischer Einnahme – anders als Tabak oder Alkohol – keine irreversiblen Organschädigungen herbeiführt. Eine dem Lungenkrebs (Tabak) oder der Leberzirrhose (Alkohol) entsprechende Problematik gibt es bei Dauerkonsumenten von Opiaten generell nicht. (Deshalb sollte man freilich nicht vergessen, daß sich sehr schnell eine körperliche Abhängigkeit entwickelt, daß die Entzugserscheinungen sehr unangenehm sein können – «cold turkey» – und daß eine Überdosierung das Atemzentrum lähmt und zum Tode führen kann.)

- Heroinkonsum ist nicht identisch mit Heroinsucht. Trotz des hohen körperlichen Abhängigkeitspotentials von

Opiaten gibt es nicht wenige Konsumentinnen und Konsumenten, die über lange Zeiträume in ihrer Freizeit gelegentlich oder regelmäßig Heroin konsumieren, ohne jemals körperlich abhängig und / oder süchtig zu werden. Wie hoch der Anteil dieser sog. chipper oder Gelegenheitskonsumenten ist, läßt sich nicht mit Sicherheit sagen. Allgemein wird jedoch in Fachkreisen angenommen, daß der Anteil jedenfalls nicht unbeträchtlich ist (40%?).

- Die Heroinsucht ist in Deutschland weniger weit verbreitet, als man angesichts ihrer Medienpräsenz annehmen könnte. 1993 «schätzte» das Münchner Institut für Therapieforschung (*Expertise über Schätzverfahren*..., München: Eigenverlag) den harten Kern der Konsumenten harter Drogen auf 70000–105000 Personen. Von dieser an sich schon sehr unsicheren Schätzung müßten dann zwei Teilmengen unbekannter Größe abgezogen werden, um die Zahl der Heroinsüchtigen zu ermitteln: erstens die Konsumenten anderer «harter» Drogen als Heroin (nach IFT-Definition z. B. auch Ecstasy, LSD etc.) und zweitens die nichtsüchtigen Heroinkonsumenten. Institutionen, deren gesellschaftliche Anerkennung und Planstellen-Ausrüstung nicht zuletzt von der angenommenen Größe ihrer Problemklientel abhängen, schätzen allerdings häufig höhere Zahlen (und verwenden häufig auch einen weiteren Suchtbegriff, so daß schon jeder halbwegs intensive Konsument sich als Süchtiger definiert sieht).

- Das Leben eines Fixers ist keineswegs immer, wie ein verbreitetes Stereotyp es will, durch dauerndes passives Herumhängen als völlig kaputter Typ gekennzeichnet, sondern wird von den Ex-Usern selbst nach den Forschungsergebnissen von Herbert Berger («Fixersein als Lebensstil», in: Völger / v. Welck, Hg., *Rausch und Realität*, Reinbek 1982, S. 1207–1216) durchaus als «aktive Zeit» mit vielerlei lohnenden Aktivitäten in Erinnerung behalten. Von den Betroffenen nämlich, die häufig den ärmeren Schichten entstammen, wird diese Zeit mit dem Lebensstil verglichen, der sie in der «Normalität» erwartet hätte. In den Worten eines Ex-Fixers: «Muß ich doch sagen, daß ich sehr viel erlebt hab, auf Drogen, ja, im Gegensatz zu der Zeit, wo ich nur Fußball gespielt hab. Da hab ich echt nix erlebt, ja, da war das Leben so, echt, so, so alltäglich, ja. Arbeiten gegangen, dann abends Training, dann nach Hause, Wochenende nur Fußball gespielt und das ging dann so jeden Tag, jedesmal nur dasselbe, und so war ich jetzt auf einmal in der Türkei gewesen, in Berlin gewesen, ja. Ich möchte sagen, da hat man doch echt was erlebt, schöne Erinnerungen, alles so im Gegensatz, wenn man so dahinlebt, ja.»

- Ein Fixer ist nicht sein Leben lang Fixer. Der Spruch «Einmal Fixer – immer Fixer» stimmt nicht. Die Fixerkarriere dauert zwar unterschiedlich lange (Spannweite etwa zwischen zwei und 25 Jahren), aber nach mehreren Untersuchungen liegt die Durchschnittsdauer dieser Lebensphase des Fixens / der Abhängigkeit / Sucht bei etwa zehn Jahren. Nach diesem Zeitraum werden viele Fixer plötzlich «geheilt» oder «wachsen aus ihrer Sucht heraus» – ob mit oder ohne Therapie. Das wichtigste ist allerdings, diese Lebensphase der Sucht überhaupt zu überleben – und das möglichst ohne HIV- oder Hepatitis-C-Infektion. Gerade diese Risiken sind bei Fixern ausgesprochen hoch – und dies nicht wegen der Droge selbst, sondern wegen der Bedingungen, unter denen Fixer leben und ihre Drogen beschaffen und konsumieren (müssen). In vielen Ländern liegt die jährliche Sterblichkeitsrate von Fixern zwei- bis dreimal so hoch wie in der übrigen Bevölkerung, oft sogar noch höher, und in manchen deutschen Großstädten gibt es (dem Rechtsmediziner Klaus Püschel zufolge) sogar mehr Heroin- als Verkehrstote.

Laufsucht. Sport ist gesund, besonders das Laufen (Joggen). Millionen Menschen betreiben es, um gesund zu bleiben oder zu werden. Deshalb erscheint der Begriff der Laufsucht zunächst paradox. Kann denn Laufen süchtig machen und den Menschen zerstören? Doch auch Essen und Trinken sind gesund – und zugleich potentiell zerstörerisch, wenn man zum Beispiel freßsüchtig ist. Dasselbe gilt für Arzneimittel: Sie können Gesundheit bzw. Genuß befördern, können aber auch bei falscher Anwendung oder süchtigem Verhalten zu einem existenziellen Risiko werden. Insofern ist das extreme Verlangen nach dem Lauferlebnis vielleicht sogar das beste Beispiel für die Entstehung und Wirkungsweise von «Sucht».

Ein Fall von Laufsucht

Die Sportmediziner W. Hollmann und K. de Meirleir erlebten den Fall eines 18jährigen Schülers, der sein Hobby so weit trieb, daß er schließlich von der Schule ging, weil er tagsüber ebenso wie nachts mit dem Laufen beschäftigt war und wöchentlich 230 km absolvierte. Bei einer ärztlichen Untersuchung weigerte er sich, die Schuhe auszuziehen. Als man ihn mühsam dazu gebracht hatte, kamen «blut- und eiterdurchtränkte Fußlappen» zum Vorschein. «Im Bereich des Fußballens waren beide Füße so weit durchgelaufen, daß die Fußknochen sichtbar waren.» Seine größte Angst aber war, daß man ihm vielleicht das Laufen verbieten könnte. Genau das tat man dann, brachte ihn in eine psychiatrische Klinik und führte eine Art Entzugsbehandlung durch, bei der man seine körperliche Ausdauerbelastung (nunmehr auf dem Fahrrad) allmählich reduzierte. Nach einiger Zeit war er von seiner Laufsucht geheilt und nahm sogar den Schulbesuch wieder auf.

Vgl. Deutsche Zeitschrift für Sportmedizin 1988, Heft 39, S. 56–64

Auch der Laufgenuß wird über die Ausschüttung körpereigener Opiate vermittelt. Diese Drogenwirkung fördert die Tendenz zur Wiederholung und schafft schnell eine gewisse psychische Abhängigkeit, die bei manchen Sportlern problematische Ausmaße erreichen kann. Bei Langstreckenläufern verdreifacht sich die Menge der im Belohnungssystem des Gehirns ausgeschütteten Endorphine, so daß eine ähnliche Wirkung auftritt, wie wenn eine Person Opiate schluckt oder injiziert (Schmerzbetäubung, Euphorie). Wie eine Heroineuphorie, so kann auch eine Laufeuphorie durch die Verabreichung eines Opiat-Gegenmittels (z. B. Naloxon) sofort zum Verschwinden gebracht werden. Es ist also auch unter pharmakologischen Gesichtspunkten kein Wunder, daß sich Läufer wegen der dann sofort einsetzenden Depressionen und sonstigen Entzugserscheinungen häufig nicht in der Lage sehen, nach ärztlichem Rat ihr Training zu verändern oder ihren Sport aufzugeben.

Sex- und Liebessucht sind nicht dasselbe. Bei ersterer geht es um die zwanghafte Suche nach ständig wechselnden Sexualpartnern bzw. um exzessive sexuelle Ansprüche an den Partner / die Partnerin (z. B. Männer, die tagtäglich fünf- bis zehnmal mit ihrer Frau «schlafen» wollen). Bei der Liebessucht hingegen geht es um die selbstzerstörerische Bindung an eine andere Person, geht es vor allem um Frauen, die «zu sehr lieben». Sexsucht ist zu 90% männlich (Werner Gross schätzt die Zahl der betroffenen Deutschen auf 10000 bis 20000 Personen). Liebessucht hingegen gilt als typisch weiblich. Sexsucht kann, wie der Buchautor Patrick Carnes nach Interviews mit rund 1000 Betroffenen herausfand, ebenso zur Verwüstung einer Person führen wie Alkohol oder illegale Drogen (*Wenn Sex zur Sucht wird,* München 1986).

Die Analogie zur Drogensucht ist auch hier nicht so weit hergeholt, wie man auf den ersten Blick glauben mag. Denn tatsächlich versetzt ja Promiskuität – wie auch, modifiziert, eine intensive Verliebtheit – in eine ähnliche Hochstimmung wie der Gebrauch von Amphetaminen (weil das Gehirn das Weckamin Phenyläthylamin produziert). Doch während sich bereits Betroffene nach dem Vorbild der AA als «Anonyme Sexaholiker» zusammenschließen, steht eine wissenschaftlich-kritische Analyse bei der Sexsucht noch ebenso aus wie bei der Liebessucht. Immerhin haben sich mit der falschen und extremen Form von «Liebe», die das «Verrücktsein» nach einer Person und die völlige Abkapselung einer Zweierbeziehung von der Umwelt für ein Zeichen höchster Gefühlsintensität hält, u. a. schon Erich Fromm und Germaine Greer befaßt. Norwood hält die Liebessucht für eine paradoxe Reaktion von Frauen auf emotionale Entbehrungen in der eigenen Kindheit: Sie, die zuwenig geliebt wurden, wollen nun um jeden Preis bemuttern, behüten, helfen und verstehen. Und sie tun das in der Tat um jeden Preis: auch wenn sie von ihren (häufig alkoholabhängigen) Männern geschlagen und gedemütigt, verletzt und verkrüppelt werden. Sich in der Beziehung zum Partner «derart zu verzehren, daß die eigene seelische und körperliche Gesundheit Schaden nimmt» (Norwood), ist Äquivalent für die Sucht nach Substanzen, geradezu ein Paradigma süchtigen Verhaltens («Modellsucht»). Eine Pathologie, die für eine in Zweierbeziehungen zerfallende Gesellschaft offenbar typisch ist.

Spielsucht ist, wie die Arbeits-, die Freß- und die Laufsucht, eine extreme Form ganz normalen Verhaltens. Spielen zu können ist zunächst einmal ein gutes Zeichen – nicht spielen zu können ein bedenkliches. Zwar hat nicht alles, was sich Spiel nennt, die schöne Leichtigkeit kindlichen Probehandelns. Beim lottospielenden Beamten und bei der älteren Dame, die sich ohne Unterlaß an Preisrätseln beteiligt, ist es zum Ritual erstarrt. Man sollte sich aber hüten, deshalb gleich jeden regelmäßigen Glücksspieler als Fall für den Psychiater zu betrachten. Denn immerhin sind es in Deutschland Schätzungen zufolge nur etwa 80000 Personen, die mehr als fünf

Sucht nach Glück

Die umsatzstärksten Glücksspiele in Millionen DM (gerundet)

Im Hintergrund: Öffentliche Einnahmen aus Glücksspielen (in Millionen DM)

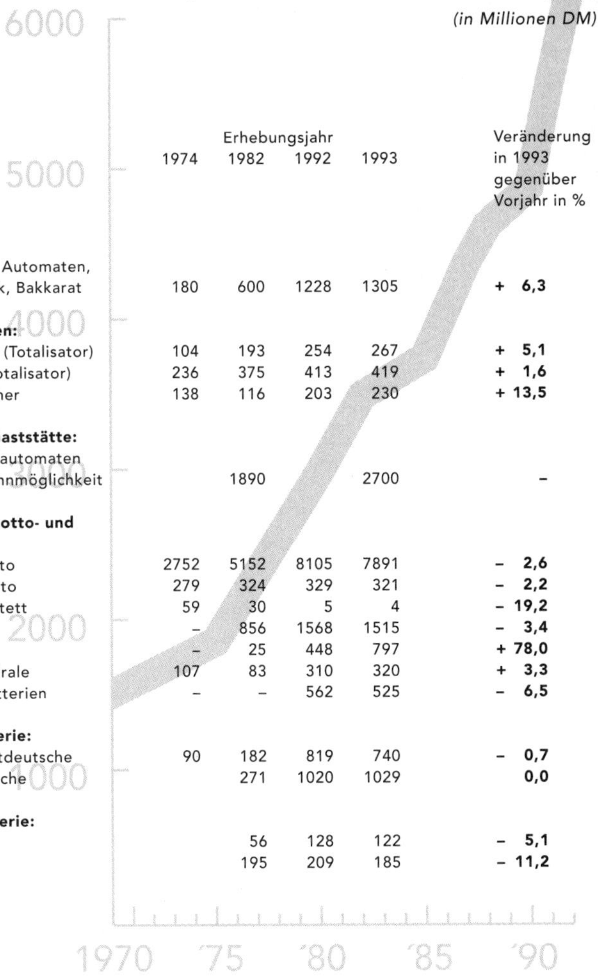

Glücksspiel	Erhebungsjahr 1974	1982	1992	1993	Veränderung in 1993 gegenüber Vorjahr in %
Spielbank:					
– Roulette, Automaten, Black Jack, Bakkarat	180	600	1228	1305	**+ 6,3**
Pferderennen:					
– Galopper (Totalisator)	104	193	254	267	**+ 5,1**
– Traber (Totalisator)	236	375	413	419	**+ 1,6**
– Buchmacher	138	116	203	230	**+ 13,5**
Spielhalle/Gaststätte:					
– Geldspielautomaten mit Gewinnmöglichkeit		1890		2700	**–**
Deutscher Lotto- und Toto-Block:					
– Zahlenlotto	2752	5152	8105	7891	**– 2,6**
– Fußballtoto	279	324	329	321	**– 2,2**
– Rennquintett	59	30	5	4	**– 19,2**
– Spiel 77	–	856	1568	1515	**– 3,4**
– Super 6	–	25	448	797	**+ 78,0**
– Glücksspirale	107	83	310	320	**+ 3,3**
– Rubbellotterien	–	–	562	525	**– 6,5**
Klassenlotterie:					
– Nordwestdeutsche	90	182	819	740	**– 0,7**
– Süddeutsche		271	1020	1029	**0,0**
Fernsehlotterie:					
– ARD		56	128	122	**– 5,1**
– ZDF		195	209	185	**– 11,2**

Quelle: Jahrbuch Sucht ´95, DHS Deutsche Hauptstelle gegen die Suchtgefahren, Geesthacht 1994

Stunden in der Woche an Glücksspielautomaten verbringen (nicht einmal eine Stunde täglich; man vergleiche das mit dem TV-Konsum). Vielleicht hat ein Teil von ihnen aufgrund dieses Freizeitvergnügens Schulden (und benötigt Schuldnerberatung), ein Teil auch mehr oder weniger ausgeprägte sonstige Probleme (Einsamkeit, Depression, Scheidung, Kontaktschwierigkeiten, Minderwertigkeitsgefühle...), doch nur ein geringer Prozentsatz der 80000 ist wohl als süchtig zu bezeichnen.

Gewinnspielautomaten fesseln den Spieler durch ihre hohe Ereignisfrequenz: Wenn zwischen Einsatz, Spielergebnis und Gewinnauszahlung nur 15 Sekunden vergehen, lassen sich bis zu vier Spiele pro Minute abwickeln; eine breite Palette von Sonderspielen, Start-, Stopp- und Risikotasten verhindert nicht nur Langeweile, sondern suggeriert einen Einfluß der eigenen Geschicklichkeit auf das Spielergebnis. Ein ausgeklügeltes Verhältnis zwischen kleiner Stückelung der Einsätze (40 Pfennig), Wahrscheinlichkeit und Höhe des Gewinns trübt die Wahrnehmung von Verlusten (die bei einem Simultanspiel an drei Automaten stündlich mehr als 200 DM erreichen können); Gewinne, die groß genug sind, um als Glücksfall erlebt zu werden, sind jedoch häufig genug, um Frustrationen immer wieder rechtzeitig aufzuheben.

Wer erst einmal in eine Phase problematischen Spielens hineingeraten ist, verbleibt darin oft jahrelang (Durchschnitt: 5 Jahre). Das «Roulette der sozial Schwachen» ist jedoch – wie die Spielsucht überhaupt – ein Männerphänomen (95%). Und während sich die Formen der Spielsucht wandeln, bleibt die Geschlechtsrollenzuordnung anscheinend unverändert. So wie es männliche Spieler waren, die die **Casinos** vergangener Epochen bevölkerten, so sind es männliche Broker, für die nach Forschungsergebnissen die **Börse** immer mehr zur Sucht wird, und es sind wohl immer noch ganz überwiegend Jungen, die sich zunächst mit Haut und Haaren dem «Kinder-

Kokain» der **Videospiele** hingeben, um dann eines Tages als Computer-Freaks oder Computer-Junkies endgültig an den Rechner gefesselt zu sein. Dies zumindest nach dem Stereotyp, das in der Öffentlichkeit von den blassen jungen Männern kursiert, welche die Nächte fast-food-geschwächt vor dem Computerbildschirm verbringen. Und wie die meisten Männersüchte, so ist auch die (mangels Forschung noch weitgehend hypothetische) **Computersucht** letztlich eine **Machtsucht**: So wie der Automatenspieler weniger am Geld als am Sieg über die Maschine interessiert ist, so will auch der süchtige «Hacker» weniger Computerprobleme lösen als vielmehr der Maschine seinen Willen aufzwingen. Es ist paradoxerweise gerade der verbissene Kampf des Individuums um die Demonstration seiner Subjektqualität, der ihn schließlich hilfsbedürftig werden läßt.

Zigarettenrauch ist der größte Killer unter den Drogen: Schon eine Packung Zigaretten am Tag verkürzt das Raucherleben im statistischen Durchschnitt um fünf Jahre. Bei zwei Päckchen gibt es Rabatt: Nicht zehn, sondern «nur» acht Jahre muß der betreffende Raucher opfern. Oder die betreffende Raucherin. Denn während heute immer noch fast doppelt so viele Männer rauchen (36%) wie Frauen (21%), nähert sich das Rauchverhalten der Geschlechter seit Jahren einander an: Männer rauchen immer weniger, Frauen immer häufiger. Dabei ist es nicht das Nikotin, das die tödlichen Folgen zeitigt. Das Nikotin bewirkt zwar die körperliche Abhängigkeit, aber die Schäden kommen von den Stoffen, die es gleichsam huckepack nimmt. Und das sind, im Nebel des Zigarettenqualms, nicht weniger als gut 4700(!), von denen viele auf bislang noch nicht einmal ganz erforschten Wegen zu Krebs- und Herz-Kreislauf-Erkrankungen führen.

Etwa die Hälfte aller Raucherinnen und Raucher begnügt sich mit einer Schachtel am Tag. Sie fühlen sich mit ihrer Ge-

Tod durch Lungenkrebs

Sterbeziffern bei Männern und Frauen

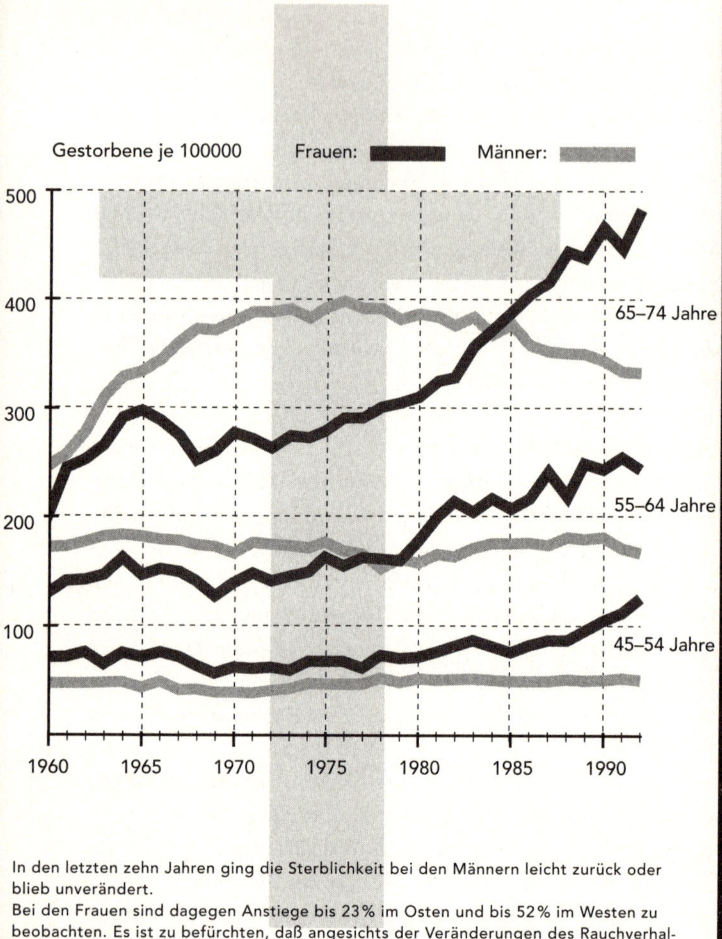

In den letzten zehn Jahren ging die Sterblichkeit bei den Männern leicht zurück oder blieb unverändert.
Bei den Frauen sind dagegen Anstiege bis 23% im Osten und bis 52% im Westen zu beobachten. Es ist zu befürchten, daß angesichts der Veränderungen des Rauchverhaltens der weiblichen Bevölkerung in der Vergangenheit die Sterbeziffern auch künftig noch ansteigen werden.

Quelle: Jahrbuch Sucht ´95, DHS Deutsche Hauptstelle gegen die Suchtgefahren, Geesthacht 1994

wohnheit – trotz zunehmenden sozialen Drucks – meist immer noch recht wohl und genießen ihre emotionale Bindung an das Zigarettenrauchen aus den verschiedensten Gründen (Konzentrationsfähigkeit, Verdauung, Beruhigung usw.), obwohl sie durchaus schon davon gehört haben, daß sie ihr Immunsystem schwächen, die Lungenfunktion verschlechtern und überhaupt für zahlreiche Krankheiten einschließlich Herzkrankheiten anfälliger werden. Wenn man sie auf ihre «Sucht» anspricht, so tut man das ironisch und wird auch so verstanden. Allerdings lassen sich bei vielen Rauchern durchaus objektive Anzeichen einer körperlichen Nikotinabhängigkeit feststellen. Immerhin rund ein Drittel aller Raucherinnen und Raucher bemüht sich, ähnlich wie der «Spiegeltrinker» beim Alkohol, den Nikotinspiegel im Blut in etwa konstant zu halten (sog. Titration). Jeder dritte Raucher und jede dritte Raucherin wäre damit als nikotinabhängig zu bezeichnen, ohne daß man deswegen allerdings schon vom Vorliegen einer Sucht ausgehen müßte. Überhaupt ist die Frage, ob Raucher süchtig sind bzw. ob sie überhaupt süchtig werden können, ausgesprochen umstritten.

Vor allem die **Zigarettenlobby** bestreitet jeden Zusammenhang zwischen Zigaretten und Sucht. Viele ihrer Argumente sind dabei offenbar nicht für die Fachöffentlichkeit gedacht. So zum Beispiel die Behauptung, daß Zigaretten schon deswegen nicht süchtig machen können, weil sie nicht Rausch-, sondern Genußmittel seien; oder weil sie kein zwanghaftes Verlangen nach immer mehr Nikotin hervorriefen; oder weil 95% derjenigen, die das Rauchen aufgäben, dies ohne professionelle Hilfe schafften. Doch süchtig kann man bekanntlich nicht nur nach Rausch-, sondern auch nach Genuß- und sogar nach Arzneimitteln werden, nach Glücksspiel, Arbeit, Sex und Sport. Und wie bei vielen anderen Suchtobjekten, so entwickelt sich auch zum Nikotin eine Toleranz und ein Verlangen nach mehr. Daß dieses Verlangen sich nicht endlos weiter steigert, sondern irgendwann auf hohem Niveau stagniert, ist ein Vorgang, der sich auch bei Heroin- oder Kokainkonsumenten findet.

Wer für das Vorliegen einer Sucht den Nachweis extremer, vielleicht sogar lebensbedrohender Entzugssymptome verlangt, wird dem Glauben anhängen, daß Zigarettenrauchen nicht süchtig machen kann. Denn es gibt zwar unbestreitbare, mit EKG, EEG usw. meßbare Raucher-Entzugssymptome, aber Todesfälle wegen Nikotinentzugs hat es noch nie gegeben. Doch dieser Befund darf nicht zu vorschnellen Schlüssen verleiten. Denn rätselhafterweise schlägt das Zigarettenrauchen den Konsumenten nach allem, was man weiß, nicht weniger in seinen Bann als es die Drogen mit einem sehr viel stärkeren Potential körperlicher Abhängigkeit tun. So sind zum Beispiel Heroin und Nikotin bezüglich der Schwierigkeiten, die Abhängige mit dem «Aufhören» haben, durchaus vergleichbar.

Auch ein anderes Argument, das gegen die Möglichkeit süchtigen Rauchens ins Feld geführt wird, ist nur auf den ersten Blick plausibel. Beim Rauchen, heißt es, sei die Abhängigkeit nicht so stark, daß sie zu «Kontrollverlust», zu Beschaffungskriminalität und sozialem Abstieg führe. Doch das hängt weniger mit der Droge selbst als mit der Tatsache zusammen, daß sie preiswert überall zu haben ist. Wenn andere Drogen derart verfügbar wären, würden auch ihre Konsumenten sich nicht zu Straftaten veranlaßt sehen. Doch wenn es, zum Beispiel in Kriegs- und Notzeiten, zu Engpässen kommt, dann zeigen sich beim Nikotin genau dieselben Phänomene wie heute bei den illegalen Suchtstoffen. Als es während der deutschen Besatzung in Holland zu Hungersnöten kam, pflanzten viele Holländer in den ihnen zugeteilten Gärten nicht etwa Gemüse, sondern Tabak an – und selbst in den KZs wurden die spärlichen Essensrationen oft gegen Zigaretten eingetauscht. Das Bedürfnis nach Zigaretten war also so überwältigend, daß sie unter diesen extremen Bedingungen (wie übrigens auch im Nachkriegsdeutschland der Jahre 1945–49) zur «Währung» werden konnten. Oder man denke an die jedem Arzt bekannten extremen Fälle von Rauchern, die noch im Krankenhaus wieder anfangen zu rauchen – obwohl man ihnen gerade ein Bein («Raucherbein») amputieren mußte. Die Frage kann also nicht sein, ob es Zigarettensüchtige überhaupt gibt, sondern nur, wie viele es wohl sein mögen. Auch hierzu gibt es, wie zu den anderen Süchten, keine zuverlässigen Zahlen.

Fazit

Deutschland ist im Hinblick auf die Sucht- und Drogenforschung immer noch ein Entwicklungsland. Geforscht wird mit unklaren Begriffen auf schwachen theoretischen Fundamenten – und mit häufig abenteuerlichen Schlußfolgerungen. Grundlegende Daten über den Anteil der körperlich Abhängigen unter den Heroin-, den Medikamenten-, den Alkohol- und den Zigarettenkonsumenten und -konsumentinnen fehlen ebenso wie Daten über den Anteil der Süchtigen. Es gibt allerdings Anzeichen dafür, daß auf einem anderen chronisch unterentwickelten Gebiet – nämlich bei der Erforschung der Suchtursachen – dank der Fortschritte in der Gehirnforschung in naher Zukunft ein tragfähiges Suchtmodell entworfen werden könnte. Eine allgemeine Suchttheorie würde dann Sucht «mit» und «ohne» Drogen gleichermaßen beschreiben und erklären können. Ein Überblick über die aktuellen Erscheinungsformen zeigt denn auch viele Gemeinsamkeiten zwischen substanzgebundenen und -ungebundenen Süchten auf.

Von Aids, Verbrechen und Verzweiflung

Auf den ersten Blick liegen die Probleme klar vor Augen. Das Heer der Süchte und der Süchtigen wächst. Zählt man zu den (grob geschätzten) 18 Millionen Rauchern, den 2 bis 2,5 Millionen Alkoholikern, den 0,8 Millionen Tablettenabhängigen, den 0,08 Millionen Heroinfixern und der unbekannten Zahl von Kokainisten und sonstigen «harten» Drogenkonsumenten noch diejenigen hinzu, die ihr Leben auf süchtige Weise an andere Objekte binden («Sucht ohne Drogen»), dann scheint der Tag nicht mehr fern, an dem die Statistiker eine «süchtige Gesellschaft» konstatieren werden.

Auf den zweiten Blick muß man differenzieren. Nur ein kleiner Teil jenes «Millionenheeres» ist überhaupt süchtig (z. B. sicherlich nicht jeder Raucher). Auch entspricht nicht jeder Süchtige dem Klischee, während viele, die dem Klischee entsprechen, gar nicht süchtig, sondern nur verelendet sind. Vor allem aber gibt es keinen eindeutigen Beweis für die Zunahme von Süchten und Süchtigen. Das einzige, was man mit Sicherheit sagen kann, ist, daß heute mehr über Sucht diskutiert wird und mehr Verhaltensweisen mit dem Etikett der Sucht versehen werden als früher. Vielleicht ist also das, was sich so rapide verbreitet, gar nicht die Sucht, sondern nur das **Suchtetikett** für alle möglichen Verhaltensabweichungen in puncto Lebensstil und Habitus. Die Begriffsinflation würde dann eher auf ein anderes Problem hinweisen, nämlich eines, das die Gesellschaft mit sich selber und ihrem Konzept von individueller Zuständigkeit hat: Je mehr Verhaltensweisen sie sich nur noch als Resultat eines unwillentlichen Kontrollverlustes erklären kann, desto prekärer ist es womöglich um die Autonomie (oder deren Denkmöglichkeit) bestellt.

Während also nicht auszumachen ist, ob die Zahl der Süchtigen oder eher die Angst vor den Süchten zunimmt, gibt es auch Problembereiche, über deren Bedeutung (aber nicht: über deren Lösung) man sich weitgehend einig ist: Das sind zum einen die erheblichen Schäden und Risiken, denen Süchtige sich selbst und andere aussetzen – und zum anderen die geringe Wirksamkeit von Prävention und Therapie.

Gesundheit, Krankheit, Drogentod

Sucht kann *erstens* als Symptom einer tiefer liegenden (psychischen) Störung bzw. Krankheit anzusehen sein. Sucht kann *zweitens* selber Krankheit sein. Ob es richtig und zweckmäßig ist, **Sucht als Krankheit** zu klassifizieren, ist allerdings hoch umstritten. Selbsthilfeorganisationen wie die Anonymen Alkoholiker, aber auch Abstinenzverbände, Betroffene und ihre Angehörigen sowie viele Wissenschaftler sind vehement dafür. Viele der Argumente, mit denen der Krankheitscharakter der Alkoholsucht früher «bewiesen» wurde, haben sich jedoch inzwischen als wenig tragfähig erwiesen. So bleiben denn hauptsächlich pragmatische Argumente übrig, die *für* den Krankheitscharakter der Sucht sprechen:

- die Rechtslage (nach der z. B. der Alkoholismus als Krankheit «anerkannt» ist; ein Status, der verstärkt auch für die Spielsucht gefordert wird);
- die praktischen Vorteile für die Betroffenen (geringere moralische Verurteilung, Übernahme der Behandlungskosten, Vorteile bei Strafverfahren);
- der «medizinische» Charakter einiger häufig mit der Sucht einhergehender Erscheinungen (z. B. körperliche Abhängigkeit).

Gegen den Krankheitscharakter der Sucht sprechen:

- die Unauffindbarkeit biologisch-somatischer Ursachen;
- die Tatsache, daß Sucht kein individuelles, sondern ein durch und durch *soziales* Geschehen ist;
- die Unnötigkeit einer spezifisch *medizinischen* Behandlung jenseits des körperlichen Entzugs;
- die negativen Folgen einer Pathologisierung der Betroffenen im Sinne einer sich selbst erfüllenden Prophezeiung («lebenslang», «progressiver Charakter der Krankheit»).

Die naheliegende Frage an die Gegner des Krankheitskonzepts der Sucht lautet natürlich: Wenn Sucht keine Krankheit sein soll – was denn dann? Für Vertreter des «nondisease approach» wie den US-Amerikaner Stanton Peele ist Sucht eine **eingeschliffene Reaktion** auf bestimmte Lebensprobleme, die zu einem sehr hohen Preis bestimmte Belohnungen gefühlsmäßiger Art (Entspannung, Wohlbefinden) garantiert. Der Versuch, eine Sucht zu überwinden, sollte auf jeden Fall von der betroffenen Person selber ausgehen und an den (verbliebenen) Stärken der Betroffenen ansetzen. Süchtige brauchen sich danach weder sektenmäßig in Gruppen zusammenschließen noch sich als lebenslang zur Sucht verdammte Menschen zu begreifen. Abstinenz ist für diejenigen, die dem Krankheitskonzept der Sucht kritisch gegenüberstehen, nur eine unter mehreren Möglichkeiten bei der Suchtüberwindung.

Nicht umstritten ist, daß Sucht zu gravierenden **Begleit- und Folgekrankheiten** führen kann. Zwar muß man weder abhängig noch süchtig sein, um sich durch Drogenkonsum zu schädigen (man denke nur daran, daß die Gefahr einer tödlichen Überdosierung mit Heroin für Nichtabhängige aufgrund fehlender Toleranz größer ist als für Abhängige), doch da die meisten Krankheitsrisiken mit Ausmaß und Intensität des Konsums rasch wachsen, dürfte der zahlenmäßig relativ kleine Anteil der Süchtigen überproportional häufig von drogenbedingten Krankheiten und Todesfällen betroffen sein. Für alle **Raucher** zusammengenommen gilt zum Beispiel, daß ihre Gewohnheit weltweit zu 90% der tödlichen Lungenerkrankungen, 55% der tödlichen Schlaganfälle und immerhin 30% aller Krebs-Todesfälle führt und daß ihre Lebenserwartung bei 20 Zigaretten täglich im Durchschnitt um fünf Jahre, bei 40 Zigaretten um acht Jahre sinkt. Wer allerdings mit der Intensität eines Tabaksüchtigen raucht, wer also besonders «starke» Zigaretten raucht, wer viel und mit tiefen Lungenzügen raucht und zudem wahrscheinlich auch noch viel Alkohol trinkt, erhöht sein persönliches Risiko noch einmal ganz erheblich, und wenn allein in Deutschland pro Jahr über 100000 Menschen vorzeitig wegen des Rauchens sterben, dann sind süchtige Raucher mit Sicherheit besonders früh dabei.

Nicht in Zahlen fassen läßt sich schließlich, wie beim Alkohol, der jährlich etwa 30000–40000 Menschenleben fordert, das **Leid der Betroffenen und ihrer Angehörigen**. Die bezifferbaren Folgekosten des Alkoholmißbrauchs in Deutschland wurden für 1990 auf 80 Milliarden DM geschätzt. Süchtige Konsumenten dürften an den Posten, die in diese Rechnung eingingen, nämlich unter anderem Produktionsausfälle, Arbeitsunfälle, Behandlungskosten, Verkehrsunfälle, Kriminalität und vorzeitiger Tod, einen weit überproportionalen Anteil haben.

Die Konzentration der Schäden auf die Extremgruppen der Schwerstabhängigen bzw. Süchtigen dürfte im Bereich der illegalen Drogen noch stärker ausgeprägt sein. Süchtige konsumieren unter Inkaufnahme so ungünstiger hygienischer Umstände, daß sich bei ihnen das Krankheits- und Todesrisiko vervielfacht. Man denke nur an die süchtigen Prostituierten, die eher als ihre nichtsüchtigen Berufskolleginnen ungeschützten Sexualverkehr dulden, an Fixer, die sich eines bereits mehrfach gebrauchten Spritzbestecks bedienen usw. Diese suchttypische **Vernachlässigung der eigenen Person** ist vielleicht bei Drogensüchtigen besonders deutlich, trifft aber zum Beispiel auch auf Arbeits- und Spielsüchtige zu (die nicht mehr auf ihre Ernährung, ihr Gewicht oder sonstige Aspekte des Selbst achten).

Bei den stoffgebundenen Süchten kommen allerdings noch zwei besondere Risikofaktoren hinzu: die Menge der konsumierten Substanzen und die suchtbedingte Bereitschaft, im Notfall auch Drogen schlechter oder unbekannter Qualität zu sich zu nehmen. Derartige Faktoren haben auch Einfluß auf die Zahl der **«Drogentoten»** (Presse-Jargon) bzw. **«Rauschgift-Todesfälle»** (Polizei-Jargon), deren Anzahl von weniger als 500 pro Jahr (bis Mitte der achtziger Jahre) auf über 2000

Drogentote – die offizielle Definition

Nach einer 1979 vom Bundeskriminalamt festgelegten und seither auch von den Gesundheitsbehörden, Rechtsmedizinern und Psychiatern übernommenen Definition gelten als Rauschgiftopfer alle Todesfälle, «die in einem kausalen Zusammenhang mit dem mißbräuchlichen Konsum von Betäubungsmitteln oder als Ausweichmittel verwendeter Ersatzstoffe stehen». Ein Kausalzusammenhang wird bei illegalen Drogen nach ausdrücklicher Weisung des Bundeskriminalamts insbesondere in folgenden Fällen unterstellt:

«(A) Todesfälle infolge beabsichtigter oder unbeabsichtigter Überdosierung,
(B) Todesfälle infolge langzeitigen Mißbrauchs,
(C) Selbsttötungen aus Verzweiflung über die Lebensumstände oder unter Einwirkung von Entzugserscheinungen,
(D) tödliche Unfälle unter Drogeneinfluß stehender Personen.»

(im Jahr 1991) anstieg. Selbst die neuesten Zahlen sind jedoch noch relativ gering, wenn man sie mit den Zahlen der Todesfälle vergleicht, die auf den Konsum *legaler* Drogen zurückzuführen sind (und da auch diese Zahlen «Drogentote» betreffen, führt der Begriff in die Irre). Doch da auch die Gesamtzahl der Konsumenten illegaler Drogen sehr viel kleiner ist als die der Konsumenten legaler Drogen, bedeuten 2000 Todesfälle im Jahr schon eine sehr hohe jährliche Mortalitätsrate (von 1,5–2%). Vor allem aber ist eine Verdrei- oder Vervierfachung der Todesfälle bei einer einzigen Todesursache innerhalb weniger Jahre so außergewöhnlich, daß die alarmierte Stimmung der Öffentlichkeit bezüglich der «Drogentoten» auf jeden Fall ihre Berechtigung hat. Dies um so mehr, als bei den illegalen Drogen im Gegensatz zu den Todesfällen im Zusammenhang mit Alkohol und Nikotin insgesamt weniger die toxische Wirkung der Substanzen eine Rolle spielt als vielmehr die durch Kriminalisierung, sozialen Ausschluß, Depression und Verelendung gekennzeichneten Bedingungen des Konsums.

Zunächst ist es wichtig, sich mit den Besonderheiten der offiziösen Definition von «Drogentoten» bzw. «Rauschgift-Todesfällen» vertraut zu machen (siehe Kasten). Denn als solche gelten nicht nur Konsumenten illegaler Drogen, die durch eine Überdosierung sterben, sondern auch jene Unglücklichen, die zum Beispiel längere Zeit vor ihrem Tod zum letzten Mal illegale Drogen genommen hatten, dann auf Alkohol auswichen und sich eines Tages aus Verzweiflung das Leben nahmen, ohne bei der Autopsie irgendwelche Spuren von illegalen Drogen aufzuweisen. Solche «Drogentoten» sterben wohl weniger an den Drogen als am juristisch und sozial bedingten Elend ihrer Situation, so daß sie nach Ansicht mancher Experten und Fixer-Selbsthilfeorganisationen korrekter als «Drogenpolitik-Tote» zu bezeichnen wären.

Die wichtigsten Todesursachen

Überdosierung. Mehr als zwei Drittel aller Todesfälle werden als zufällige, unbeabsichtigte Überdosierungsfälle klassifiziert. Dabei spielen aber neben Heroin meist auch Alkohol und/oder Tabletten eine so wichtige Rolle, daß man in manchen Fällen ebensogut von Alkoholtoten sprechen könnte, die auch ein wenig Heroin konsumiert hatten. Während das Wort Überdosierung im übrigen für Laien nach einer rein pharmakologischen Todesursache klingt, wären gerade Todesfälle dieser Kategorie bei einem sachgerechteren sozialen, ärztlichen und juristischen Umgang mit Drogennotfällen (rechtzeitige Meldung, Gabe von Opiatantagonisten) fast immer vermeidbar. Die soziale und juristische Lage bringt es aber mit sich, daß die Konsumenten nicht nur ungünstige Anwendungsweisen wählen (zum Beispiel wegen der Schwarzmarktpreise und aus Effizienzgründen injizieren statt rauchen), sondern auch ungünstige Konsumsituationen (alleine im Hotelzimmer oder auf einer öffentlichen Toilette), wo sie bei Eintreten eines Notfalls nicht entdeckt oder aber von Personen entdeckt werden, die ihrerseits Angst vor Strafverfolgung und damit auch vor dem Herbeirufen von Hilfe haben.

Psychosoziale Labilität. Die große Mehrheit der späteren Opfer befindet sich während der letzten drei Monate vor ihrem Tod in einer extrem instabilen sozialen Situation: Drei Viertel sind arbeitslos, zwei Drittel sogar ohne eigene Wohnung. Eine rechtzeitige effektive Verbesserung dieser Lebensumstände könnte vielfach die Bündelung der letztlich zum Tod führenden Probleme verhindern.

Therapietote und Inhaftierungstote: Mindestens 20% derjenigen, die später als «Drogentote» gezählt werden, haben weniger als vier Wochen vor ihrem Tod eine Therapieeinrichtung (entweder erfolgreich oder durch Abbruch oder

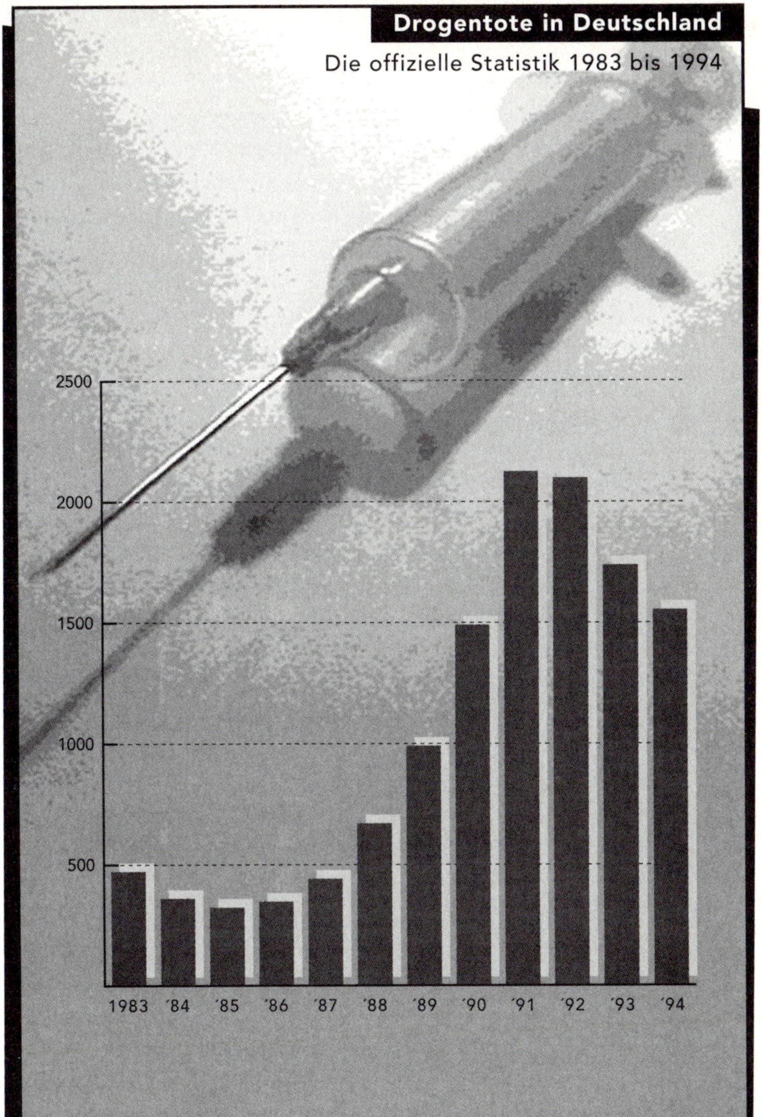

Quelle: Jahrbuch Sucht ´95, DHS Deutsche Hauptstelle gegen die Suchtgefahren, Geesthacht 1994

Rausschmiß) verlassen und sterben anläßlich eines Rückfalls aufgrund der im Vergleich zu ihrer früher gewohnten Dosierung reduzierten Toleranz. Andere sterben in oder nach Gefängnisaufenthalten (z. T. auf sogenannten «drogenfreien Stationen») oder gar während der Therapie. Viele Todesfälle sind hier als Resultat mangelnder Rückfallvorbereitung seitens der Therapieeinrichtungen und Haftanstalten anzusehen. Speziell für die Betreiber von Therapieeinrichtungen, die über jahrzehntelange Erfahrung verfügen, ist es schon peinlich, wenn sie sich von Rechtsmedizinern bitten lassen müssen, zur Vermeidung von Todesfällen mit «Rausschmissen» äußerst vorsichtig umzugehen und in jedem Fall eine Abbruch- und Rückfallberatung anzubieten. Wenn stationäre Unterbringungen schon nicht zu vermeiden sind, ist zumindest der Übergang zwischen Haft / Therapie und Freiheit / Szene «weicher» zu gestalten und sehr viel vorsichtiger zu begleiten. Wichtig ist auch, nicht von vornherein alle Kontakte nach draußen zu kappen und niedrigschwellige Überlebensangebote für die Zeit nach der Entlassung zu organisieren.

Mindestens jeder zehnte Todesfall, eventuell sogar jeder fünfte, ist ein absichtlicher **Suizid**. Auch hier ist es nicht eigentlich die Droge, die zum Tode führt. Eine ganze Palette situativer und struktureller Maßnahmen, die von Kriseninterventionszentren mit «Rund-um-die-Uhr-Service» bis hin zur Entkriminalisierung reichen müßte, könnte viele dieser Suizide verhindern.

Aids. Dieses Thema betrifft nicht nur Heroingebraucher. Oft genügt schon ein «normaler» Alkoholkonsum (oder Konsum einer anderen Droge), um die Bereitschaft zu risikoreichem Sex zu erhöhen, zum Beispiel also auf Kondome zu verzichten. Wer drogenabhängig oder sogar süchtig ist, für den / die potenzieren sich die Gefahrenquellen. Denn je stärker das Verlangen nach dem Suchtstoff, je geringer die soziale Integration und je düsterer die eigene Lebensperspektive, desto geringer wird die Ansprechbarkeit für Präventionsbemühungen («safer use», «safer sex») und desto nachlässiger der Umgang mit sich und anderen. Je verelendeter insbesondere ein Fixer / eine Fixerin ist, desto größer wird seine / ihre Bereitschaft sein, sich auf Sex ohne Kondome bzw. auf riskanten Nadeltausch einzulassen. Auch die bei Süchtigen häufig vorhandene depressive Verstimmung erhöht nicht gerade ihre Motivierbarkeit zu Vorsichtsmaßnahmen im Gesundheitsbereich. So sind «fixende» Drogenabhängige neben den homosexuellen Männern die zentrale Risikogruppe für eine HIV-Infektion, und das Drogenproblem wird immer mehr zu einem Aids-Problem – wie umgekehrt das Aids-Problem zu nicht geringen Teilen ein Drogenproblem ist: Unter allen bisher in Deutschland gemeldeten Aids-Fällen machen fixende Drogenkonsumenten 13% aus – gegenüber 5% in Ländern wie England, Belgien und Dänemark. Bei einem geschätzten Anteil von rund 20% HIV-Infizierten unter den intravenös injizierenden Drogenabhängigen (auf der offenen Szene: 30%; in Therapieeinrichtungen: unter 10%) könnte das für Deutschland (bei aller gebotenen Vorsicht) eine Gesamtzahl von 16000 infizierten Drogenabhängigen ergeben.

Eine empirische Studie aus dem Jahre 1988 / 89 ergab besonders hohe HIV-Infektionsraten bei Fixern mit geringer formaler Qualifikation (Haupt- bzw. Sonderschulabschluß), ohne Berufsausbildung und mit Heim- und Hafterfahrungen. Besonders dramatisch waren die Unterschiede hinsichtlich der **Hafterfahrungen**: Während nur 13% der Nichthaftererfahrenen HIV-positiv waren, lag der Anteil der Infizierten unter den Gefängniserfahrenen bei 24% und bei jenen, die angaben, im Knast auch gefixt zu haben, sogar bei 32%. Hier liegt offenbar eines der zentralen ungelösten bzw. falsch angepackten Probleme der gegenwärtigen Gesundheits-, Sozial- und Rechtspolitik, und entschiedenes Handeln ist nötig. Doch darüber, was genau zu tun ist, gehen die Meinungen auseinander.

Kriminalität und Kriminalisierung

Sucht und Kriminalität gehören nicht notwendig zusammen. Wenn die Zahl der Arbeits-, der Lauf- oder Magersüchtigen zunimmt, hat das nicht unbedingt Einfluß auf die Kriminalitätsraten. Dennoch produziert die gesellschaftliche Realität vielfache Verknüpfungen.

Manche Suchtmittel sind als solche verboten (**Prohibition**). Wer von ihnen abhängig ist, gerät notgedrungen in eine Situation permanenter Strafbarkeit. Jährlich werden über 100 000 Delikte allein nach dem Betäubungsmittelgesetz erfaßt – von den drogenbezogenen Fällen der «regulären» Kriminalität ganz zu schweigen. Da einerseits der Schwarzmarkt die Preise hochtreibt, andererseits Süchtige kaum berufliche Möglichkeiten haben, gibt es nur wenige, deren legale Einkünfte ausreichen, um den Konsum zu finanzieren. Die Folge ist erstens **direkte Beschaffungskriminalität** in Form von jährlich ca. 5000 vor Gericht verhandelten Diebstählen von Husten-, Schlaf-, Schmerz- und Beruhigungsmitteln in Apotheken, Arztpraxen und Krankenhäusern, und zweitens eine exorbitante **indirekte Beschaffungskriminalität**, mit der das Geld für die Drogen beschafft wird. Immerhin brauchen Abhängige täglich rund 100–150 DM – und wenn es geht, mehr.

Besonders häufig sind männliche Süchtige in bestimmte Eigentums- und Vermögensdelikte, wohl auch in manche Gewalt- und Verkehrsdelikte, weibliche in Warenhaus- und Ladendiebstahl verwickelt. Genau erforscht ist bislang wenig. Schätzungen machen Drogenabhängige für 45% der Diebstähle rund um das Kfz, 37% der Gebäude- und Wohnungseinbrüche und 22% aller Fälle von Raub und räuberischer Erpressung verantwortlich, wobei die Zuverlässigkeit dieser Zahlen allerdings höchst fraglich ist.

Andere Süchte, wie zum Beispiel die **Spielsucht**, sind zwar im Prinzip legal, kosten die Betroffenen aber meist mehr Geld, als sie haben, und führen deshalb typischerweise ebenfalls in die Delinquenz. 50–70% aller in Behandlung befindlichen Glücksspieler geben zu, sich bereits einmal oder öfter auf illegale Weise Geld für das Glücksspiel besorgt zu haben: durch Kreditbetrug, Urkundenfälschung, Diebstahl oder – jährlich immerhin rund 1000mal in Deutschland – durch Raubüberfälle auf Spielhallen. Merkwürdig, aber wahr: In nicht wenigen Fällen ist das Objekt des Überfalls die Stammspielhalle des Täters.

Milliardenschaden allein in Hamburg?

Ausgehend von einem täglichen Bedarf von ca. 200 mg pro Süchtigen (aufgeteilt auf 2–3 Injektionen) und einem derzeitigen Marktpreis von 200–300 DM pro Gramm Heroin, beläuft sich der monatliche Aufwand für die Drogenbeschaffung auf ca. 2000–2500 DM, die durch Straftaten zu finanzieren sind. Berücksichtigt man, daß der Täter beim Absatz der Tatbeute lediglich 10–20% des tatsächlichen Wertes beim Hehler erzielt, so muß der Rauschgiftabhängige insgesamt monatlich Tatbeute von ca. 15 000 DM durch Straftaten erlangen. Zu dieser Summe sind für den volkswirtschaftlichen Schaden noch die Kosten für die Beseitigung von verursachten Beschädigungen bei Einbrüchen etc. zu addieren, so daß jeder Drogensüchtige monatlich mit etwa 20 000 DM Sozialschaden durch verübte Straftaten zu Buche schlägt. Bei einer geschätzten Zahl von ca. 3000 Konsumenten «harter» Drogen in Hamburg wird von diesen Personen somit jährlich ein Schaden in Höhe von ca. 720 Millionen DM verursacht. Zusammen mit den Kosten, die den Sozialversicherungsträgern und dem Staat entstehen, dürfte derzeit die Milliardengrenze pro Jahr überschritten werden.

Vgl. J. Schwanke, in: Kriminalistik 3/1989, S. 153

Wieder andere Süchte, wie zum Beispiel der **Alkoholismus**, sind sowohl legal als auch relativ preiswert, spielen aber erfahrungsgemäß bei Gewaltdelikten in der Familie und in der Öffentlichkeit, bei Verkehrsdelikten und bei anderen Straftaten eine große Rolle. So sind etwa 40% aller chronischen Alkoholiker vorbestraft (Aggressionen gegen Personen und Sachen, Sexualdelikte, Affekttaten), und überhaupt ist die Quote der Straftaten, die unter Alkoholeinfluß begangen werden (ohne daß der jeweilige Täter süchtig gewesen sein muß), hoch: über 60% bei Widerstand gegen die Staatsgewalt, fast 50% bei Totschlag und Sexualmord, immer noch über 30% bei Vergewaltigung und Körperverletzung.

In immer mehr Haftanstalten sammeln sich immer mehr **«Drogengefangene»**, die dort einerseits über noch weniger Alternativen zur Drogeneuphorie und andererseits auch nicht über steriles Spritzbesteck verfügen. Auch für diesen Bereich sind korrekte Daten Mangelware, da die Justizministerien sich von einer Transparenz des Strafvollzugs offenbar wenig erhoffen. Seit Jahren häufen sich jedoch bekanntermaßen unter den Bedingungen der totalen Institution die Infektionen mit HIV und Hepatitis B und C; hinzu kommen Wucher, Erpressung und Gewalt im Zusammenhang mit dem illegalen Anstaltsdrogenhandel. Wenn der «Behandlungsvollzug» heute immer mehr nicht nur zum «Verwahrvollzug», sondern einem veritablen «Verwahrlosungsvollzug» degeneriert, dann ist das nicht zuletzt auch Folge der wachsenden und immer noch ungelösten Suchtproblematik hinter Gittern.

Ein durch die Vermittlung der Medien weitaus bekannteres Problem ist das kriminelle **«Geschäft mit der Sucht»**. Jeder Handel mit Drogen, ob mit legalen oder illegalen, versorgt auch süchtige Konsumenten. Bei den verbotenen Drogen ist dieses Geschäft selbst kriminalisiert: vom Anbau bis zum Straßenverkauf. Da sowohl die Nachfrage als auch die Intensität der Verfolgung ständig steigen, scheint der Nährboden für Extraprofite in diesem nach den Prinzipien des frühneuzeitlichen Abenteuerkapitalismus organisierten Markt unerschöpflich. Zumindest stimuliert allein schon die Vorstellung von phantastischen Gewinnen die Phantasie von Polizei und Politik. Der Frankfurter Mafiaforscher und Drogenexperte Henner Hess kritisiert die Unzuverlässigkeit von deren Angaben: «Der Nationale Rauschgiftbekämpfungsplan gibt als Gesamtumsätze des illegalen Rauschgifthandels 800 Mrd. DM jährlich an. Das Journal Frankfurt spricht von einem Jahresumsatz von 1500 Mrd. DM. Der Spiegel berichtet, gestützt auf ein Grundsatzpapier des BND, daß ‹den Drogenkönigen Kolumbiens sowie Süd- und Südostasiens zuletzt 250 Mrd. Dollar jährlich› zugeflossen seien.» Bedenke man aber, daß an die «Könige» nur 10–30% der Enderlöse gehen, dann würden diese Zahlen voraussetzen, daß «jährlich Drogen für mindestens 750 Mrd. Dollar, möglicherweise sogar für 2500 Mrd. Dollar verkauft (würden), also für 1200 bis 4000 Mrd. DM! Da muß es etwas ernüchtern, daß das BKA nur von etwa 2 Mrd. DM Umsatz auf dem deutschen Markt spricht (während für Tabak und Alkohol nachweislich über 60 Mrd. DM jährlich ausgegeben werden). Aber Genauigkeit spielt hier deshalb keine Rolle, weil es vollständig gleichgültig ist, wie diese Zahlen in Wirklichkeit aussehen. Sie müssen nur irgendwie gewaltig sein. Sie dienen ja nicht, wie andere Wirtschaftsstatistiken, einer rationalen Politik, sondern nur einem ideologischen Diskurs» (Kritische Justiz, 1992, S. 123f).

Vor allem muß man sich aber hüten, den illegalen Drogenhandel insgesamt als «Geschäft mit der Sucht» mißzuverstehen. Der Bezug zur Sucht ist längst nicht so eng wie oft angenommen. Denn das große Geschäft machen die Anbieter weniger mit den Süchtigen als mit den **sozial integrierten Konsumenten**. So wie die Alkoholwirtschaft nur zu einem (wahrscheinlich eher unbedeutenden) Teil von der Nachfrage der Alkoholsüchtigen lebt, so beruht auch das Kokain-, das

Ecstasy-, das Cannabis- und LSD-Geschäft zu über 90% auf der Nachfrage nichtsüchtiger Konsumenten. Bei Heroin spielen die körperlich Abhängigen (und auch die Süchtigen) sicherlich eine größere, doch immer noch keine dominierende Rolle, so daß es sich beim weltumspannenden Drogengeschäft letztlich doch immer nur zu einem kleinen Teil um ein Geschäft mit der Sucht handelt. Andererseits stellen die Süchtigen natürlich ein besonders sicheres Marktsegment dar, dessen «Treue» ungewollt die Strukturen und Profite des Schwarzmarkts stabilisiert: Sie sind Stammkunden, die jeden Preis zahlen.

Ein selten diskutierter Aspekt von «Sucht und Kriminalität» ist die Kriminalität, die nicht *von* Süchtigen, sondern *gegen* Süchtige begangen wird. Dabei sind Süchtige womöglich ebensooft Opfer wie Täter von Straftaten, nur daß sie leicht zu dominieren, auszubeuten und zu erpressen sind und als stigmatisierte Personengruppe keine Beschwerdemacht und speziell kein Vertrauen in Polizei und Justizbehörden haben, so daß das, was ihnen angetan wird, selten publik wird. Dabei kommt es wahrscheinlich häufig zu Delikten, die entweder von Süchtigen gegen Süchtige oder von «rechtschaffenen» Bürgern (Bürgerwehren), Kontrollorganen (Polizei), Ärzten (unterlassene Hilfeleistung) oder Therapeuten (sexuelle Übergriffe, Nötigungen, Freiheitsberaubungen) gegen Süchtige begangen werden. Und auch dort, wo sie unter dem Etikett der Therapie und mit dem Segen der Gesellschaft «hart angepackt werden», können sie auch schon mal ihrer Freiheit beraubt, beleidigt oder verletzt werden, ohne daß ein Hahn danach kräht.

Sorgenkind Suchtprävention

Suchtprävention und Suchttherapie stecken in einer tiefen, wenn auch im Prinzip nicht neuen Krise, denn schon immer war es um die Glaubwürdigkeit der Drogenaufklärung ebenso schlecht bestellt wie um die Reichweite und Effizienz der Therapie. Doch unter dem Druck der Aidsrisiken ist es mit der bloßen Problemverwaltung nicht mehr getan. Richtungsentscheidungen, Innovationen und Erfolge sind gefragt. Entsprechend entschlossen verkündet der Nationale Rauschgiftbekämpfungsplan für den Präventionsbereich die Devise: «Alle präventiven Maßnahmen müssen folgende Leitlinien der Drogenpolitik vermitteln: Totale Abstinenz im Hinblick auf illegale Drogen; selbstkontrollierter Umgang mit ‹legalen Suchtmitteln› (zum Beispiel Alkohol, Tabakerzeugnisse) mit dem Ziel weitgehender Abstinenz; bestimmungsgemäßer Gebrauch von Medikamenten.»

Probleme wirft vor allem die angesichts des Betäubungsmittelgesetzes zwar im Grunde selbstverständliche, in der Praxis jedoch erfahrungsgemäß nicht realisierbare Zielsetzung der **totalen Abstinenz** von illegalen Drogen auf. Und dies gleich in mehrfacher Hinsicht. Zum einen wird Prävention in diesem Sektor als Drogenprävention betrieben – mit der impliziten (wissenschaftlich aber sehr umstrittenen) Annahme, daß eine Verminderung der Gesamtzahl der Drogenkonsumenten zugleich eine Verminderung der Gesamtzahl der Süchtigen bedeute.

Zum anderen ist der Schwerpunkt der offiziellen Drogenprävention die kampagnenmäßige Primärprävention mit rein **negativen Botschaften** («Keine Macht den Drogen», «Drogen – Nein danke»). Dabei ist es der ausdrückliche Wille der Bundesregierung, «immer wieder Öffentlichkeitskampagnen durchzuführen, die das Bewußtsein wachhalten, daß Suchtmittelmißbrauch in unserer Gesellschaft ein großes gesundheitliches Problem darstellt». Deshalb wurden für die Schulen «Drogenkontaktlehrer» ausgebildet, Sportler mit entsprechend bedruckten Kleidungsstücken versehen, Zeitungsredakteure mit fertigen Artikeln versorgt, und zahlreiche sonstige Aktivitäten (und Lobbies) tragen das Ihre dazu bei, jenes nicht unproblematische, vom Rauschgiftbekämpfungsplan aber geforderte «Klima» anzuheizen, das «jeder Verharmlosung oder Verherrlichung von illegalen Drogen energisch entgegenwirkt». Doch gerade das scheint wenig zu fruchten. Die seit Jahren **stetig steigende Nachfrage** nach illegalen Drogen wächst ungebremst ins Astronomische – und wenn die eine oder andere Droge der Alt-68er, wie zum Beispiel Cannabis, in ihrer Popularität stagniert, treten Dutzende von **Designerdrogen** (wie Ecstasy) sofort an ihre Stelle.

Die Erfolglosigkeit der Anti-Drogen-Kampagnen mögen mit der aus der Kommunikationsforschung bekannten Tatsache zusammenhängen, daß rein negative Botschaften, wenn sie dazu noch von amtlicher Seite propagandamäßig verbreitet werden, bei den Adressaten Manipulationsverdacht aufkommen lassen und unterschwellige Widerstände erzeugen können. Vielleicht gibt es auch einen Punkt, an dem die geballte und wohlorganisierte Rechtschaffenheit der etablierten Politiker und Verbände bei einem jugendlichen Publikum, das zu alternativen Lebensstil- und Freizeitentwürfen tendiert, unglaubwürdig und kontraproduktiv wird. Einen Punkt, an dem die gesellschaftliche Ablehnung des Drogengebrauchs gewollt oder ungewollt in eine gefährliche Ausgrenzung der Personen mündet, die Drogen ge- oder mißbrauchen.

Bereiche, in denen es weniger um die Herstellung eines Meinungsklimas als vielmehr um konkrete Hilfen geht, werden vernachlässigt. Zur **Sekundärprävention**, dem eigentlich entscheidenden Stadium der Suchtvorbeugung, fällt dem Nationalen Rauschgiftbekämpfungsplan nur der Satz ein: «Besondere Aufmerksamkeit gilt der Gruppe von Erwachsenen, die vor allem Kokainkonsum als Teil ihres Lebensstils betrachten.» Dabei geht es doch vordringlich darum zu verhindern, daß drogenkonsumierende und teilweise auch schon drogenabhängige Jugendliche und junge Erwachsene sich an immer problematischere Substanzen, Applikationsformen und Konsummuster verlieren. Hier täten ehrliche und sachliche Informationen, Tips bezüglich der Wirkungen und Wechselwirkungen von Drogen, ihrer Vor- und Nachteile, Risiken und Nebenwirkungen not.

Vollends stiefmütterlich wird die **Tertiärprävention** behandelt, bei der es darum geht, bereits eingetretene Suchtschäden zu minimieren und es den aktuell Süchtigen zu ermöglichen, diese schwierige Lebensphase mit möglichst geringen Einbußen an körperlicher und seelischer Integrität zu überleben. Niedrigschwellige Substitutionsangebote für Fixer gehören ebenso dazu wie Spritzentauschangebote und bedürfnisorientierte Übergangshilfen von drogenfreien Intervallen zu rückfallgefährdeten Situationen (Haft- und Therapieentlassung, Nachsorge). Alles Dinge, die nicht zuletzt unter dem Gesichtspunkt der Aids-Prävention dringend erforderlich wären, von der Bundesregierung aber offenbar mit Mißtrauen betrachtet werden, gerade weil sie die Lebensumstände der Süchtigen verbessern – und dadurch suchtverlängernd und womöglich suchtbeschönigend wirken könnten, so daß die Überzeugungskraft der Anti-Drogen-Kampagnen leiden könnte.

Große Probleme gibt es auch im Bereich der **Suchttherapie**. Zwar steht den Therapeuten ein Repertoire von über 250 Methoden von der Verhaltenstherapie bis zur Psychoanalyse zur Verfügung. Doch Erfolge bleiben häufig aus. Die seit vielen Jahren gebetsmühlenartig erhobene Forderung der Fachverbände nach einer quantitativen Ausweitung des Angebots an Therapieplätzen (vor allem im Bereich der illegalen Drogen) verdeckt die wirklichen Probleme eher, als daß sie

sie benennt. Denn das **Angebot an Entwöhnungsplätzen** ist für Abhängige von illegalen Drogen inzwischen mehr als ausreichend: Während bei legalen Drogen 300 Abhängige auf einen Therapieplatz kommen, beträgt das Verhältnis bei illegalen Drogen 20:1.

Die tiefer liegenden Probleme der Suchttherapie sind nicht quantitativer, sondern qualitativer Art. So bedarf Therapie, um wirksam zu sein, in erster Linie einer vertrauensvollen Therapeut-Klient-Beziehung und dazu immer auch einer Bereitschaft des Süchtigen, für sich selbst Verantwortung zu übernehmen. Gerade im Bereich der illegalen Drogen, wo die Zwangstherapie nach dem Betäubungsmittelgesetz inzwischen zum Standardprogramm gehört und wo man dem Süchtigen die Fähigkeit zur Selbstbestimmung mit größtem Nachdruck abspricht, ist es um diese Voraussetzungen schlecht bestellt. Hinzu kommt, daß man weithin stärker auf eine weltanschaulich gefärbte «Drogentherapie» als auf eine pragmatische «Suchttherapie» setzt – was die Widerstände der Betroffenen auch nicht gerade verringert. Doch seit Aids werden an die Suchttherapie kritischere Fragen gestellt:

- Warum beharrte die deutsche Medizin mit ihrer strikten Ablehnung der Methadonbehandlung jahrzehntelang mit «scholastischen» Argumenten (so der Berliner Rechtsmediziner Friedrich Bschor) auf einem «deutschen Sonderweg» – und zwar auch dann noch, als medikamentengestützte Behandlung anderswo schon längst zum Standardprogramm gehörte?

- Warum hatten sogar die aus Selbsthilfeorganisationen hervorgegangenen Therapieeinrichtungen lange Zeit (und zum Teil heute noch) so rigide Hausordnungen, daß Demütigungen und Kontaktsperren, die in jedem Gefängnis zu einem Skandal führen könnten, dort an der Tagesordnung waren?

- Warum werden die Zugangsschwellen zu den wenigen Methadon-Programmen in Deutschland auch heute noch so unnötig hoch angesetzt?

- Warum fehlen immer noch ambulante medikamentengestützte Angebote, durch die sich die Risiken der Institutionalisierung (zum Beispiel des Überdosis-Notfalls nach der Entlassung) vermeiden ließen?

- Warum werden in einzelnen Beratungsstellen immer wieder dieselben Therapieeinrichtungen angeboten (anstatt die Klienten selbst aus einer breiteren Angebotspalette auswählen zu lassen)?

- Warum sind die Drogentherapien offenbar noch immer für die Justiz attraktiver als für die Klienten, so daß eine freiwillige Therapieaufnahme heute eher zu den Raritäten gehört?

- Warum wird trotz enormer Ausgaben im Bereich der Therapie bei illegalen Drogen das Problem nicht kleiner, sondern immer größer? Inzwischen sterben jährlich 15–20 von jeweils 1000 Fixern – und zwar nicht zuletzt auch in einem kausalen Zusammenhang mit Therapien.

- Warum wird ausgerechnet die Behandlung der Heroinsucht, häufig als «einzigartig erfolglos» bezeichnet, weder einer strengen wissenschaftlichen Beurteilung unterworfen noch durch unkonventionelle Wege («Heroinprogramme») ergänzt, wenn es doch in erster Linie darum geht, Menschen das Überleben ihrer Suchtphase zu ermöglichen und die Verbreitung von HIV-Infektionen zu bremsen?

Mit anderen Worten: Das Drogenhilfesystem ist eine teure Angelegenheit, aber das viele Geld dient, wie so häufig im sozialen und karitativen Bereich, nicht unbedingt immer denen, für die es bestimmt ist. Viel, wenn nicht das meiste, geht in die Selbstverwaltung derjenigen, die ihrerseits das Suchtproblem verwalten, die Strichlisten führen und Berichte verfassen, um wieder mehr Mittel loszueisen. Die aber nicht immer an die Bedürfnisse ihrer Zielgruppe überhaupt herankommen. So ist denn das Drogen-Therapie-System trotz einiger vielversprechender Ansätze bis heute sehr groß, sehr teuer – und trotz allem immer noch von einer Wirkungslosigkeit, die man sich heute nicht mehr leisten kann. Ganz zu schweigen von der unnötigen Rigidität, die sich die selbstbewußter gewordenen Betroffenen immer weniger bieten lassen.

Fazit

Es ist bisher trotz größter Anstrengungen nicht gelungen, die Suchtprobleme in dieser Gesellschaft in den Griff zu bekommen. Positiv ist zwar zu vermerken, daß Zigaretten- und Alkolholkonsum unter Jugendlichen gegenwärtig an Attraktivität verliert. Doch dort, wo der Staat nicht so behutsam mit Aufklärung und Regulation, sondern kämpferisch mit Prohibition und Strafverfolgung vorgeht, überwiegen die zerstörerischen Wirkungen seiner Eingriffe. Die mit der Beschaffung der Drogen verbundene Kriminalität wächst ebenfalls unaufhörlich. Süchtige und nichtsüchtige Drogenkonsumenten werden zu Tausenden an den Rand der Gesellschaft, ins Elend und in prekäre gesundheitliche Situationen (Aids, Hepatitis) gedrängt. Trotzdem und gerade deshalb sprießen die Gewinne des illegalen Drogenhandels, der sich heutzutage in Deutschland sogar in den Strafanstalten mehr lohnt denn je, ins Unermeßliche. Demgegenüber sind die Präventions- und Therapieangebote weitgehend immer noch zu undifferenziert, oftmals zu autoritär und ineffektiv. Angesichts der Probleme, die sich im Hinblick auf die hochriskanten Begleit- und Folgekrankheiten der Süchte ergeben, wächst der Druck in Richtung einer vollständigen Revision der deutschen und internationalen Sucht- und Drogenpolitik.

Gefährdungen vermeiden – Kompetenzen stärken

Sucht war bis vor wenigen Jahren kein kontroverses Thema in der Gesellschaftspolitik, denn es bestand ein parteienübergreifender Konsens darüber, daß die kulturell integrierten Genußdrogen eine prinzipiell andere Behandlung verdienten als die kulturfremden Drogen. In bezug auf die legalen Substanzen setzte man auf Kommunikation mit Industrie und Bürgern **(Überzeugungspolitik)**, in bezug auf die illegalen auf Repression **(Bekämpfungspolitik)**. Für die legalen Suchtmittel waren primär der Markt, die Regulation und Information zuständig, für die illegalen der Staat, die Prohibition und Strafverfolgung (Spaltung der Drogenpolitik). Einig war man sich außerdem darüber,

- daß die kulturfremden Drogen praktisch immer zur Sucht führten und deswegen als solche bekämpft werden müßten (Grundsatz der Prohibition);
- daß es deshalb im Bereich der kulturfremden Drogen keiner eigenen Suchtpolitik, sondern nur einer konsequenten Drogenpolitik bedürfe, um die Probleme in den Griff zu bekommen – also Drogenprävention statt Suchtprävention, Drogenbekämpfung statt Suchtbekämpfung, Drogentherapie statt Suchttherapie (Vorrang der Drogenproblematik);
- daß der Königsweg der Therapie die Abstinenz sei: Abstinenz als Mittel (drogenfreie Langzeittherapie) und Abstinenz als Ziel (drogenfreies Leben).

Inzwischen ist keiner dieser Grundsätze mehr unumstritten. Angesichts des Aids-Risikos konnte man sich ein weiteres Auseinanderdriften von Drogenpolitik und Betroffeneninteressen nicht mehr leisten. Es wurden immer mehr Forderungen laut, die Abhängigen zunächst einmal in ihrem Anderssein zu akzeptieren und ihnen alle Überlebensmöglichkeiten zu gewähren, ohne als Vorleistung die Einstellung des Drogenkonsums zu verlangen. Während eine solch **«akzeptierende Drogenarbeit»** durchaus auch als Ergänzung der herkömmlichen Angebote aufgefaßt werden kann, gibt es auch Konfliktfälle, in denen sich Politiker und Praktiker zur Entscheidung zwischen «Abstinenz» und «Akzeptanz» aufgefordert sehen.

Die konservative Position: Rauschgiftbekämpfung und Abstinenz

Noch «herrscht» das Paradigma der Abstinenz, das sich in groben Umrissen folgendermaßen skizzieren läßt: Ziel ist eine **drogenfreie Gesellschaft** – auch wenn damit nur die illegalen Drogen gemeint sind. Drogenkonsum gilt prinzipiell als Mißbrauch mit sozial- und individualpathologischen Ursachen. Wer Drogenmißbrauch betreibt, vermag seine wirklichen Probleme immer weniger zu bearbeiten und läuft zugleich Gefahr, seine Droge immer höher zu dosieren, auf immer stärkere Drogen umzusteigen und früher oder später in den Teufelskreis der Sucht zu geraten. Drogenabhängigkeit gilt als regressives, Probleme verschärfendes Verhalten, als Ausdruck der Verdrängung von Konflikten, Folge individueller Überforderung oder auch als Reflex der Konsumgesellschaft, die menschliche Bedürfnisse ersatzhaft durch Waren zu befriedigen versucht. Sucht gilt als schwere Krankheit auf der Grundlage von Sozial- und Individualpathologien mit Verlust der Selbstbestimmungsfähigkeit und zugleich als große Gefahr für die Allgemeinheit (Aids). Hilfe für Süchtige darf das Ziel der Abstinenz nicht aus den Augen verlieren.

Was die suchtbedingte Kriminalität angeht, so hat die Bekämpfung des Drogenangebots durch die internationale Organisierte Kriminalität Priorität: Man setzt auf globale und europäische Zusammenarbeit (Europol), neue Methoden der Verbrechensbekämpfung und harte Strafen für Dealer. Liberalisierungsbemühungen im Kleinhandelsbereich und in der Konsumsphäre werden skeptisch beurteilt, weil das ein falsches Signal aussenden könnte. Bei allen Maßnahmen im Bereich der Sekundär- und Tertiärprävention, auch wenn sie der Vorbeugung oder Heilung von Infektionskrankheiten (Aids, Hepatitis) oder der Vermeidung von Drogentodesfällen dienen, ist Vorsicht angebracht: Spritzenverteilung in Haftanstalten, Methadonprogramme, Heroinprogramme usw. bergen die Gefahr der Suchtverlängerung und der Drogenverharmlosung. Suchtprävention ist so offensiv und frühzeitig wie möglich zu leisten, und am besten durch Drogenprävention: vom Anbauland bis zur Förderung eines Anti-Drogen-Klimas in der Bevölkerung. Je weniger Drogen ins Land gelangen, desto weniger Drogen werden überhaupt konsumiert und desto geringer sind die Suchtprobleme: wo keine Drogen, da keine Drogensucht.

Im Bereich der Therapie besteht der «Königsweg» in der Abstinenz während der Therapie, mit dem Ziel dauerhafter Abstinenz auch nach Beendigung der Therapie. Substitutionsbehandlung mit Methadon ist nur für Ausnahmefälle angezeigt, weil die Gefahr besteht, daß Methadon auf den Schwarzmarkt umgeleitet wird, Süchtige in einer Situation «erlernter Hilflosigkeit» gehalten werden, es für die Betroffenen immer schwieriger wird, die Kraft zum Ausstieg aus der Abhängigkeit aufzubringen, und letztlich in der Verschreibung von Suchtmitteln an Süchtige das resignative und im schlimmsten Fall zynische Eingeständnis liegt, daß man sich mit den Sucht-Ursachen in der Gesellschaft und beim Individuum gar nicht mehr auseinandersetzen kann oder will. Die Vertreter des Abstinenzparadigmas sehen in vielen «fortschrittlichen» Alternativen nichts anderes als eine **Kapitulation vor der Sucht** und den Verzicht auf jeden Veränderungswillen.

Die Mehrheit der Fachöffentlichkeit und der Bevölkerung steht einer Legalisierung von Drogen aus diesen und ähnlichen Gründen ablehnend gegenüber. Drogen gelten als Rauschgifte und Suchtmittel, als Risikofaktoren für die psychische und körperliche Integrität junger Menschen. Wer mit ihnen Handel treibt, gilt deshalb als profitgierig und gewissenlos. Deshalb gibt es insbesondere gegenüber Dealern kein Pardon. Der Vergleich «Alkohol vs. Cannabis» überzeugt schon deshalb nicht, weil man darin eher ein Argument für ein Alkoholverbot als für eine Cannabisfreigabe sieht. Wenn man gleichwohl Alkohol wegen seiner zu tiefen kulturellen und sozialen Verankerung nicht mehr verbieten kann, muß man ja nicht auch noch andere Suchtmittel legalisieren: Wer schon Läuse hat, braucht sich deshalb ja nicht auch noch Flöhe zuzulegen. Seine soziale und politische Basis findet das Abstinenzparadigma in

- christlichen und weltanschaulich fundierten Abstinenz- und Mäßigkeitsvereinen (inklusive Gewerkschaften und Arbeiterbewegung);
- Elternverbänden, die Drogenkonsum als Bedrohung von Kindern und Familie sehen;
- wertkonservativen (also durchaus auch politisch «rot / grünen») Mittelschichten, für die die Suchtproblematik tiefere weltanschauliche und gesellschaftspolitische (auch symbolische) Bedeutung besitzt;
- konservativen und reaktionären Gruppen, Parteien, Sekten («Europäische Arbeiterpartei» usw.), die mit Slogans wie «Krieg dem Rauschgift» jene «moral majority» mobilisieren wollen, die in den achtziger Jahren in den USA hinter Präsident Ronald Reagan stand und mit den symbolisch hoch aufgeladenen Themen «Drogen» und «Ab-

treibung» Front machte gegen soziokulturellen und Wertewandel überhaupt, einschließlich Frauenemanzipation, Minderheitenrechte und Tendenz zu multikultureller Gesellschaft.

Die liberale Position: Suchtvermeidung durch Risiko-Management

Angesichts von Aids wurde es unumgänglich, alle Fixer zu erreichen und ihnen zumindest gewisse Verhaltensänderungen (wie zum Beispiel die Benutzung sterilen Spritzbestecks, von Kondomen usw.) abzutrotzen – ob sie nun ihren Drogenkonsum aufgeben wollten / konnten oder nicht. Dazu mußte man die Fähigkeit besitzen oder erwerben, Junkies so zu nehmen wie sie waren – nämlich süchtig, eigenwillig und keineswegs immer therapiegeneigt. Damit entstand die «suchtbegleitende», «niedrigschwellige» bzw. **«akzeptierende Drogenarbeit»**, die heute im «Bundesverband für akzeptierende Drogenarbeit und humane Drogenpolitik – akzept e. V.» organisiert ist. Ziel des Akzeptanzparadigmas ist ein verantwortliches Leben mit Drogen – aber ohne Sucht und Destruktivität. Danach ist nichts Schlechtes daran, die Vorteile der Drogen zu nutzen und ihre Nachteile und Nebenwirkungen zu vermeiden. Drogenkonsum ist nicht von vornherein Drogenmißbrauch im Sinne eines schädlichen oder problematischen Gebrauchs, sondern als universaler Kultur- und Geschichtsbegleiter des Menschen ein Teil der conditio humana und insbesondere in der heutigen Zeit ein wertvolles Instrument der Alltagsbewältigung und -transzendierung. Selbst länger andauernder Gebrauch illegaler Drogen wird eher als Ausdruck eines freizeittypischen Verhaltens (oder eines Lebensstils) gesehen denn als Indiz für schwerwiegende Probleme. Insofern wird jedem Menschen wenn schon nicht ein «Recht auf Rausch», so doch ein «Recht auf seine Droge» als Teil der autonomen Gestaltung seines Privatlebens zugesprochen.

Für sozial integrierte Drogenabhängige (opiatabhängige Ärzte u. a.) gilt im Prinzip dasselbe: Ob ein Mensch von Zigaretten oder von Opiaten abhängig ist, ist eine Frage seiner Vorlieben – und viele Anhänger des Akzeptanzparadigmas würden dem Opiatabhängigen aus rein pharmakologischen Gründen bescheinigen, womöglich die klügere Wahl getroffen zu haben. So wie vor nicht langer Zeit die Homosexualität noch als Krankheit (und Kriminalität!) gegolten hatte, dann aber als «schwuler Lebensstil» gesellschaftliche Akzeptanz erlangte, so sollte auch ein Leben mit Drogen als einer von vielen möglichen Lebensstilen gesellschaftlich akzeptiert werden. Heino Stöver führt dazu aus: «Drogenkonsumenten können für sich selbst verantwortlich handeln. Freiwilligkeit in therapeutischen Beziehungen und anderen Hilfsangeboten bildet daher eine unveräußerliche Grundlage. Auch scheinbar unverständliches Drogenkonsumverhalten kann als eine persönliche Entscheidung mit anderem Wertkonzept akzeptiert werden, als ein Lebensstil – selbst wenn man ihn niemals übernehmen würde» (in: Schuller / Stöver, Hg., *Akzeptierende Drogenarbeit*, Freiburg 1990, S. 15). Aus dieser Perspektive erscheinen natürlich auch Dealer nicht mehr als die gewissenlosen Kriminellen, die sie in der Optik der traditionellen Suchtkrankenhilfe sind, sondern als Genußmittelhändler wie der Inhaber des Weinladens oder der Tabakhandlung nebenan – weder besser noch schlechter.

Mit Drogensucht ist das schon etwas anderes. Das, was etwa in diesem Buch darunter verstanden wird, gilt es durch eine «gemeine Drogenkultur» (Christian Marzahn), durch «kontrollierten Konsum» (Wayne M. Harding), durch die Domestizierung von «Rauschgiften» zu «Genußmitteln» (Henning Schmidt-Semisch) zu verhindern. Allerdings ist der Begriff

«Sucht» auch in diesen Kreisen nicht unumstritten. So wird das Krankheitskonzept der Sucht weithin als allzu deterministisch, unrichtig und stigmatisierend abgelehnt. Darüber hinaus meinen Experten wie Johannes Herwig-Lempp, Stanton Peele oder John Booth Davies, daß es sich dabei um eine entsubjektivierende Bezeichnung handele, die besser durch einen Ansatz ersetzt werden sollte, der den betreffenden Menschen Autonomie unterstellt, sie also als bzw. wie autonome Persönlichkeiten behandelt. Hilfe für «Süchtige» darf nicht durch ideologische Scheuklappen behindert werden, sondern ist ausschließlich an den konkreten Bedürfnissen der Betroffenen auszurichten: Sie darf nicht davon abhängig gemacht werden, daß man mit der sexuellen Orientierung, der Drogenpräferenz und dem Drogenkonsum-Muster, der Weltanschauung oder sonstigen Eigenschaften und Stilen des Betroffenen einverstanden ist.

Was die suchtbedingte Kriminalität angeht, so geht es dem Akzeptanzparadigma nicht um Rauschgiftbekämpfung, sondern um die Menschenwürde der Süchtigen: Sie von dem Zwang zur Beschaffungskriminalität, von der Kriminalisierung seines Alltags bzw. Lebensstils zu befreien ist vordringliche Aufgabe. Süchtige sollen weder verdammt noch bestraft oder gerettet, sondern zuallererst als Menschen mit bestimmten unabweisbaren und unaufschiebbaren Bedürfnissen akzeptiert und deshalb in einem ersten Schritt von allen Kriminalisierungen und Diskriminierungen befreit werden, ehe man sich Gedanken über mehr Therapieplätze usw. macht. Heino Stöver führt dazu aus: «Auf der praktischen Ebene geht es also darum, den Drogengebrauch derjenigen zu akzeptieren, die ihren Gebrauch derzeit nicht aufgeben wollen oder können. Es werden Angebote eingerichtet, die voraussetzungslos genug sind, um zunächst Kontakt zu diesen Drogengebrauchern herzustellen. Ziel der Angebote ist es, die gesundheitlichen und sozialen Risiken des Drogengebrauchs zu reduzieren. Das sind Überlebenshilfen und Maßnahmen der Gesunderhaltung, die die Lebensphase der Abhängigen überhaupt und dann ohne irreversible Schäden (wie eine HIV-Infektion) zu überstehen helfen.» (a. a. O., S. 14)

Es geht also in erster Linie um eine **bedingungslose Basisversorgung** von allen Süchtigen mit allem, was sie zum (Über-)Leben brauchen: ein Dach über dem Kopf (Übernachtungsstätten), steriles Spritzbesteck (Spritzentausch- und -verteilungsprogramme), Tips für «safer use» und «safer sex» (samt Kondomen), allgemeine und spezifische medizinische Versorgung (mit Methadon, Codein oder Heroin, aber auch strukturelle Vorkehrungen für den Drogennotfall), psychosoziale Unterstützung. In der Frühzeit der akzeptierenden Drogenarbeit war manches davon noch strafbar: Spritzenverteilung und «Druckräume» wegen der Begünstigung des Drogenkonsums; Methadon-, Codein- und Heroinbehandlung als unbefugte Abgabe von Drogen. Seit einiger Zeit sind Gesetzestexte und -interpretatoren dank der Akzeptanzbewegung auf dem Weg der Besserung.

Suchtprävention ist früh und kontinuierlich zu leisten, aber nicht durch Aufspüren von Risikofaktoren, sondern durch Stärkung der schützenden, der «protektiven Faktoren». In diesem Sinne erklärt zum Beispiel die Aufklärungsbroschüre der «Deutschen Behindertenhilfe / Aktion Sorgenkind» (1993) ausdrücklich: «Es hat keinen Sinn, nur die Herstellung und Verteilung von Drogen verhindern zu wollen. Das wird in absehbarer Zeit nicht gelingen. Und außerdem gibt es dann immer noch legale Rauschmittel wie zum Beispiel Alkohol im nächsten Laden zu kaufen. Statt dessen müssen die Anstrengungen verstärkt darauf gerichtet werden, die Entstehung und Entwicklung von Sucht zu stoppen. Es geht also in erster Linie nicht um die Bekämpfung von Drogen, sondern um die Verhinderung von Sucht.» Die Autoren der Broschüre unterbreiten Vorschläge, die auf die Bedeutung von Sicherheit, Bestätigung und Anerkennung, Freiraum und Beständigkeit in der Erziehung hinweisen und relativ einfache Tips geben, wie man Kindern unnötige Brüche im Selbstwertgefühl ersparen kann. Die Grundidee ist ebenso einfach wie solide die, «daß seelisch ausgeglichene und selbstbewußte Kinder mit einem stabilen und belastbaren Ich bessere Chancen haben, später nicht süchtig zu werden». Im Bereich der **Therapie** geht es zunächst darum, was der Betreffende will und kann. Wenn er keine Therapie will, hat er ein Recht auf Überlebenshilfen, aber die Gesellschaft hat kein Recht, ihn zur Therapie (etwa durch Strafandrohung) zu nötigen. Was der Süchtige will, kann unter Umständen eher eine Rückkehr zum kontrollierten Konsum sein. Oder eine Substitutionsbehandlung. Oder eine ärztliche Verschreibung der Originaldrogen. Oder ein legaler Zugang zu der Droge seiner Wahl. Entsprechende Modelle werden von Vertretern des Akzeptanzparadigmas auch diskutiert. Jedenfalls geht es ihnen nicht darum, die Hände in den Schoß zu legen und dem Schicksal der Süchtigen teilnahms- und tatenlos zuzusehen. Im Gegenteil: denn das Akzeptanzparadigma entstand aus der Kritik an der Teilnahmslosigkeit der abstinenzorientierten Suchtkrankenarbeit gegenüber dem täglichen Elend derjenigen Drogengebraucher, die sich den Forderungen nach einem abstinenten und angepaßten Leben nicht unterwerfen wollten.

Die soziale und politische Basis des Akzeptanzparadigmas besteht im wesentlichen aus denjenigen, die vom «Recht auf Differenz» profitieren: aus Aktivisten und Sympathisanten der Schwulenbewegung und der DAH, aus Drogengebrauchern, Abhängigen, Süchtigen und Ex-Süchtigen, aus Wissenschaftlern, Praktikern und Intellektuellen, die sich von den theoretischen Grundlagen und empirischen Ergebnissen akzeptierender Drogenarbeit haben überzeugen lassen – und aus Menschen, deren soziokultureller Hintergrund oder politische Überzeugung sie zu Vertretern eines interkulturellen Zusammenlebens macht, das sich nicht auf die «Ausländerfrage» beschränkt, sondern die Emanzipation diskriminierter Teil- und Subkulturen auch auf «inländische» Lebensstil-Szenen bezieht, denen dasselbe **«Recht auf Differenz»** zusteht. Insofern beinhaltet nicht die herkömmliche Politik, sondern gerade die akzeptierende Drogenarbeit eine Utopie davon, wie Gesellschaft ohne vielfältige Binnendemarkationslinien einmal aussehen könnte.

Fazit

Die bloße Intensivierung der bisherigen Rauschgiftbekämpfungspolitik wird die Suchtprobleme nicht lösen. Es ist fraglich, ob Vorbeugungs- und Bekämpfungsmaßnahmen, die sich gegen Drogenkonsum und Drogenhandel richten, das Suchtproblem überhaupt erreichen. Denn Drogenverbreitung und Suchtverbreitung müssen keineswegs parallel laufen. So ist durchaus denkbar, daß eine Legalisierung bislang verbotener Drogen zu niedrigeren Preisen, milderen und sozial besser integrierten Konsumformen und damit auch zu weniger Drogennot- und -todesfällen führt. Statt auf Drogenvorbeugung sollte man die Anstrengungen deshalb stärker auf Suchtvorbeugung und die Vermeidung von Not- und Todesfällen konzentrieren («Schadensminimierung»); statt auf eine unrealistische und kontraproduktive Drogenbekämpfung auf die Stärkung der «protektiven Faktoren» bei potentiellen und aktuellen Drogenkonsumenten, um sie als Persönlichkeiten gegen das Abgleiten in den süchtigen Konsum zu immunisieren.

Ein Blick in die Zukunft

Nicht zufällig stehen Suchtfragen heutzutage immer häufiger im Mittelpunkt öffentlicher Debatten, werden die «Neuen Süchte» ebenso intensiv diskutiert wie Methadon- und Heroinprogramme, das «Recht auf Rausch» ebenso wie die körpereigenen Drogen und das «Needle-Sharing» von Fixern. Offenbar produzieren die Süchte und die Süchtigen dieser Gesellschaft Ängste und Ambivalenzen, die bislang mit einer sehr rigiden, oft auch selbstgerechten Politik auf Distanz gehalten werden konnten, die aber inzwischen immer drängender werden und deshalb nach neuen und vielleicht erstmals nach *wirklichen* Antworten verlangen. Auch leben wir in einem gesellschaftlichen Gehäuse, das es uns zunehmend schwermacht, uns als «Subjekte» in Begriffen von «Autonomie» und «Identität» zu denken. «Abhängigkeit» und «Sucht» verkörpern als klassische Gegenpole zum Größenselbst der bürgerlichen Epoche den Inbegriff der Ängste vor dem «Kontrollverlust»: gegenüber verlockenden Substanzen wie gegenüber den Reizen einer Warenwelt, die auf der Klaviatur unserer Bedürfnisse inzwischen so virtuos spielt, daß sie uns schon im nüchternen Zustand berauscht und entgrenzt. Wie das süchtige Verhalten und das Bild, das man sich von ihm machte, im Laufe der Zeit erstaunlichen Veränderungen unterlag, so wird auch in Zukunft nicht alles beim alten bleiben. Wohin die Reise geht, können wir nicht wissen, aber einige mögliche Perspektiven lassen sich sehr wohl benennen.

Die Versüchtelung der Gesellschaft

Die geläufigste ist zugleich die düsterste Perspektive: Immer mehr Menschen werden von immer mehr Suchtkrankheiten erfaßt, grassierende Süchte halten Einzug in die behütetsten Familien, aus mündigen Bürgern wird, was der Frankfurter Oberstaatsanwalt Körner schon heute konstatiert: eine **«Gesellschaft von Süchtigen»**. Das ist die Perspektive der schleichenden «Versüchtelung», wie Werner Gross diese Tendenz nennt. Hierfür gibt es verschiedene Gründe und Erklärungsmöglichkeiten:

Zunehmende Entfremdung. Der Alt-68er und Buchautor Günter Amendt *(Sucht–Profit–Sucht)* behauptet, «daß sich die Anpassungsfähigkeit der menschlichen Subjekte an den von den Menschen geschaffenen und gesellschaftlichen Überbau erschöpft hat. Weil die menscheneigene Körperchemie als Anpassungs- und Steuerungsmechanismus versagt, ist die Arbeit nur noch zu bewältigen und das Leben nur noch zu ertragen durch chemische Fremdsteuerung» (*konkret* 7 / 1989, S. 21). Der chronischen Entfremdung entspricht der chronische Charakter der Sucht nach Betäubungsmitteln, die das materielle und mehr noch das psychische Elend vergessen lassen.

Stimulationsbedürfnis aufgrund zunehmender **psychischer Abstumpfung**. Die Überflutung unserer Sinne mit immer mehr und immer stärkeren Reizen führt – entgegen der These Amendts – doch noch zu einer weiteren Anpassungsleistung des menschlichen Gehirns. Das Belohnungssystem im Gehirn stumpft ab. Die Folge: das Vermögen zur Empfindung von Freude, Spaß, sexueller Lust und anderem Vergnügen nimmt ab. Nach psychologischen Untersuchungen ist allein während der vergangenen 15 Jahre das durchschnittliche Klangunterscheidungsvermögen, aber auch die durchschnittliche Erregung beim Sex und die emotionale Erregbarkeit durch optische Eindrücke signifikant zurückgegangen. Es bildet sich also offenbar eine Art Toleranz gegenüber Reizen aus. Um überhaupt positive Empfindungen zu haben, bedarf es bereits intensiver Stimulierung, die am einfachsten und sichersten auf chemischem Wege – zum Beispiel mit Kokain, Crack u. a. – zu erreichen ist. So produziert die entwickelte Warenwelt per Reizüberflutung das «Suchtsystem» (Wilson Schaef) und innerhalb dieses Systems «den Süchtigen als das normale Gesellschaftsmitglied», wie es die Kulturanthropologen Alexander Schuller und Jutta Kleber formulieren. Der Münchner Psychologe Henner Ertel meint: «Wer im nächsten Jahrtausend überleben will, muß unsensibel werden. Sonst werden wir an den Gegensätzen, die ein weltweites Mediennetz liefert, zerbrechen.» Denkbar auch, daß aufgrund dieser Bedingungen ein für heutige Verhältnisse extremer Konsum von Stimulantien und Betäubungsmitteln zum kollektiven Dauerzustand wird.

Globale Vermarktung. Multinationale Konzerne überschwemmen schon heute den Globus mit Zigaretten, Alkohol und Psychopharmaka. Internationale Cannabis-, Kokain- und Heroinhändler operieren zwar noch in der Illegalität, sind aber womöglich nur die Vorboten einer kommenden Eingliederung dieser Substanzen in das ungleich mächtigere Netz der legalen Konzerne. Auch die heute erlaubten Drogen waren einmal verboten und mußten jahrzehnte-, wenn nicht jahrhundertelang illegal vertrieben werden, bevor man sich an ihre Präsenz gewöhnte. Die Frage, ob ein Mensch süchtig wird, weicht allmählich der Frage, ob er sich *dieser* oder *jener* Sucht ausliefert.

Zunehmende Außenorientierung. Theoretiker und Empiriker von Erich Fromm über Erving Goffman bis zu Christopher Lasch und Thomas Ziehe bestätigen immer wieder die Erkenntnis des amerikanischen Soziologen David Riesman *(Die einsame Masse)*, daß der moderne Mensch in besonderem Maße außengeleitet ist, das heißt weniger durch langfristig wirksame internalisierte Werte und Normen als durch kurzfristige situative Anforderungen in seinem Handeln gesteuert wird. Das Individuum hat gewissermaßen den internalisierten Kreiselkompaß gegen hochsensible Antennen ausgetauscht. Diese zunehmende Außenorientierung erhöht die Anfälligkeit des Menschen gegenüber den Reizen und Verführungen psychoaktiver Substanzen.

Sucht und Sehnsucht

« Die Sehnsucht, die Sehnsüchte, die Süchte werden wachsen. Wie Metastasen durchziehen sie schon jetzt unsere Gesellschaft, und viele von ihnen sind in den Untergrund gegangen: als Verbrechen und als Verzweiflung, als Narzißmus, als Radikalismus, als Vandalismus, als Alkoholismus und als Terrorismus. Sie erkennen sich selbst nicht mehr. In vielen tiefen und dunklen Nischen der Komplexitätsgesellschaften nisten sie sich ein, krank und gekränkt und immun gegen die etablierten Abwehrsysteme, unerkannt und unkontrolliert. Und wer ihren Code zu entschlüsseln versucht, wird eine Synthese aus Regression und Transgression, aus Wahn und Wille, aus Rückschritt und Fortschritt, aus Animalität und Spiritualität entdecken. Die Sehnsüchte werden immer einsamer, immer stärker, immer wilder, immer mehr. Aber die Orte, wo sie sich niederlassen können, Heimat finden in dieser Gesellschaft, werden karger. Sie sind auf Trebe, die neuen Nomaden der Moderne. Kein Haus, kein Kruzifix kann sie mehr halten. Viele haben schon die Zelte abgerissen, einige schon die Boote bestiegen, sie warten auf den Sturm, der sie hinaustragen soll auf's hohe Meer, zu rasender Fahrt. »

Jutta A. Kleber, in: A. Schuller/J. A. Kleber (Hg.), *Gier*, Göttingen 1993, S. 33

Neopuritanismus und neue Romantik

Kommt vielleicht genau das Gegenteil einer «Versüchtelung», nämlich ein «neuer Puritanismus» (Hasso Spode) auf uns zu? Auch hierfür gibt es Indizien: das **zunehmende Gesundheitsbewußtsein**, den Imagewandel des Rauchens und des Alkoholkonsums unter Jugendlichen, die Rauchverbote in den USA, die allmählich auch Europa erreichen – und nicht zuletzt die Problematisierung vieler Verhaltensweisen als «süchtig», die noch vor wenigen Jahren achselzuckend zur Kenntnis genommen worden wären. Und wird nicht tatsächlich häufig schon als «arbeitssüchtig» stigmatisiert, wer früher nur «ganz für seinen Beruf lebte» – und als «spielsüchtig», wer früher nur als ein «leidenschaftlicher Spieler» galt?

Wie die meisten Suchtdiskurse in der Geschichte, so ist auch der aktuelle nicht zwangsläufig ein Indiz für die Lockerung der Sitten, sondern kann im Gegenteil genausogut Ausdruck einer neopuritanischen Klimaänderung sein. Wenn man immer mehr «Süchtige» zählt, dann kann das auch an der zunehmenden Bereitschaft liegen, alles, was aus dem (immer enger werdenden) Rahmen des «Normalverhaltens» herausfällt, als «Sucht» zu definieren. Die Konjunktur des Suchtproblems wäre dann weniger auf den zunehmenden Kontrollverlust der Menschen über sich selbst als vielmehr auf die wuchernden Normen eines übersteuerten Alltags zurückzuführen. Der Suchtdiskurs als Vorbote und Vehikel einer neopuritanischen Lebensstil- und Genußkontrolle, die ihren objektiven Grund vielleicht sogar darin haben könnte, daß in einer übervölkerten und mit hochkomplexen Gefahrenpotentialen übersäten Welt ein verstärkter «Zwang zum Selbstzwang» (Norbert Elias) absolut notwendig wird, um Katastrophen, die durch menschliches Versagen entstehen, zu vermeiden.

Doch vielleicht kommt es auch ganz anders, und diejenigen, die heute von akzeptierender Drogenarbeit, von kontrolliertem Heroinkonsum und den Vorteilen von Cannabis gegenüber Alkohol sprechen, entpuppen sich als Vorboten einer Gesellschaft, die mit den «kulturfremden» Drogen ihren Frieden schließt – so wie man ja auch mit den einst fremden Drogen, dem Kaffee, dem Tee und sogar dem Tabak, nach zahllosen Bekämpfungsversuchen schließlich seinen Frieden geschlossen hat. Folge: Statt einer eng begrenzten Anzahl zugelassener Genußmittel gäbe es eine differenzierte Palette. Manch einer würde die Tabakzigarette für die Opiumpfeife eintauschen oder die Alkoholkneipe an der Ecke seltener, dafür die Koksbar häufiger frequentieren. Der Drogengebrauch würde differenziert und zugleich domestiziert, und das Süchtigwerden würde gerade durch den gekonnten Umgang mit den unterschiedlichsten Substanzen und Situationen vermieden. Die Gelegenheitskonsumenten illegaler Drogen haben die Palette der Genußmittel für sich persönlich bereits erweitert: Dem Bier zum Feierabend ziehen viele einen entspannenden Joint vor, jugendliche Discobesucher fühlen sich mit Ecstasy wesentlich besser, und so mancher Erwachsene in kreativen Berufen tendiert vielleicht dazu, des Krebsrisikos wegen das Rauchen aufzugeben – und statt dessen öfter mal eine Prise Kokain zu sich zu nehmen. Man muß also nicht Kulturpessimist sein, um Gründe und Perspektiven für einen auf diese Weise differenzierteren Drogengebrauch ausfindig zu machen – und man muß auch nicht unbedingt das Schlimmste für eine Zukunft befürchten, die auf diese oder ähnliche Weise den Drogenkonsum zur Normalität machte.

Es ist kein Problem, auch für diese Perspektive «objektive Gründe» ausfindig zu machen. Schon der übliche Alltag wird nur noch mit chemischen Helfern bewältigt. Morgens macht ein Kaffee munter, tagsüber («Kaffeepause») bewahrt er die Produktivität, abends hilft ein Bier bei der Entspannung, wenn man (frau) nicht lieber zu einer Schlaftablette greift.

Kosmetische Psychopharmakologie

Es ist Winter 2030. Deine Arbeit läuft schlecht, deine Liebesbeziehung ist im Eimer. Niedergeschlagen und melancholisch langst du nach dem Computer und rufst Normo Psych an, einen On-line-Drogenservice, der sich auf Persönlichkeitswiederherstellung spezialisiert hat. Ein paar Sekunden später erscheint die Diagnose: «Serotonin im limbischen System, 15 % unter normal. Erhöhen durch täglich 100 Milligramm Mood Stim und Anti-Grief.»
So läßt das Wissenschaftsmagazin *New Scientist* seine jüngste Titelgeschichte beginnen – keine billige Parodie auf die ‹Schöne Neue Welt›, sondern ein Report über den aktuellen Stand der Neurochemie und den neuen Superstar am psychopharmakologischen Himmel: Prozac. Anders als alle bisher verwandten Antidepressiva wirkt die Prozac-Pille nur auf einen bestimmten Neurotransmitter, das Serotonin, von dem die Neurobiologen annehmen, daß es unsere Stimmung und Impulsivität reguliert. (...) Begeisterte Psychiater berichten, daß die Droge auch noch Monate nach der Einnahme wirkt, weitaus weniger Nebenwirkungen als bisher benutzte Psychopharmaka aufweist und selbst aus schweren Depressionspatienten wieder glückliche Persönlichkeiten macht. Und nicht nur das: Prozac, so der US-Psychiater Peter Kramer, «ist nur die Spitze eines pharmakologischen Eisbergs» – von Drogen, die nicht nur depressive Patienten auf ihr gesundes Normalniveau zurückbringen, sondern die gesamte Persönlichkeit verändern: die Leute «fühlen sich besser als gut». Kramer hat auch schon einen Namen für diese Art von Therapie gefunden: «Kosmetische Psychopharmakologie». –

Nach Mathias Bröckers, *tageszeitung*, 21. 3. 1994 (gekürzt)

Doch der Alltag wird immer komplizierter, die Rollenerwartungen vervielfältigen sich, und die Situationen, auf die man sich einstellen soll, ebenfalls. *Alles* wird komplizierter.

Als Ausgleich und notwendiges Gegenstück zum «neuen Alltag» blüht eine **«neue Romantik»** der Gefühle. Ihre Protagonisten sind keine verträumten Poeten, sondern im Berufsleben gut etablierte Freizeit- und Gelegenheitskonsumenten, die in der Regel sowohl über eine strenge Arbeitsethik und Selbstdisziplin als auch über ein starkes Freizeit- und Genußbewußtsein verfügen. Während ihr Berufs-Selbst extrem extrovertiert ist, ist ihre Romantik erstaunlich introvertiert. Denn die «unheimlichen Orte» der alten Romantik, die man erkunden und in denen man Grenzerfahrungen machen will, liegen nun im Individuum selbst: Man will sich erfahren, sich in Extremsituationen erleben, sein Bewußtsein erweitern, neue Gefühlsqualitäten, Reflexzonen und Wachbewußtseinszustände entdecken, auch und gerade durch Endorphin-Manipulation: vom «Abenteuerurlaub» bis zum «Bungee-Springen», «Hang-Gliding» und «Sky-Diving». Im Kontext eines solchen kulturellen Milieus erscheinen unerlaubter und sogar riskanter Drogenkonsum als eine recht «normale» Freizeitaktivität oder jedenfalls als relativ verständliche Form normativ sanktionierter Suche nach dem Außergewöhnlichen.

Man kann, man muß das aber nicht alles über den kulturpessimistischen Leisten schlagen. So hat bereits zu Beginn des 20. Jahrhunderts der deutsche Soziologe Georg Simmel darauf hingewiesen, daß das Individuum, das sich im Schnittpunkt vieler sozialer Kreise befinde, gerade in dieser Position einen Zugewinn an Autonomie realisieren könne. Der Vielfalt der sozialen Beziehungen entspricht eine Vielfalt von möglichen Rollen, Normen und Werten, deren gegenseitige Relativierung eine Befreiung aus den unbegriffenen Zwängen der *einen* traditionalen Ordnung bedeute. Allerdings sind auch die Handlungskompetenzen, die vom einzelnen erwartet werden, in der «Modulationsgesellschaft» (Schmidt-Semisch) multipliziert. Um adäquat agieren zu können, muß man/frau sich schnell auf neue Situationen einstellen, sich entspannen und wieder konzentrieren können. Um den Anforderungen eines so veränderten Alltags gerecht zu werden, kommen psychoaktive Substanzen wie gerufen. So wie man/frau sich in Benehmen und Kosmetik dem jeweiligen Anlaß anzupassen weiß, so wird man möglicherweise in Zukunft auch die richtige Droge in der richtigen Dosierung für jeden Anlaß auszuwählen wissen. Die jeweiligen Situationen würden intensiver und produktiver erlebt, die Übergänge würden leichter fallen. Der Drogenkonsum würde zunehmen, aber seine Domestizierung würde die Suchtgefahren reduzieren.

Fazit

Die Süchte werden sich multiplizieren und die Zahl der Süchtigen wird exponentiell steigen. Das ist die heute wohl am weitesten verbreitete Zukunftsvision, wenn von Sucht die Rede ist. Doch zu einer solchen «Versüchtelung der Gesellschaft» muß es keineswegs kommen. In der Geschichte gab es nach Phasen des Exzesses und der Ausschweifungen beim Drogenkonsum immer wieder auch Phasen, in denen Mäßigkeitsideologien dominierten. Einige Suchtforscher sehen gerade in der überbordenden Thematisierung und Kritik der Süchte in den Massenmedien ein Zeichen, daß das Pendel der Geschichte in Richtung auf einen neuen Puritanismus zurückschlägt. Andere halten es für möglich oder sogar wahrscheinlich, daß die heute noch verbotenen Drogen (wie z. B. Cannabis) im Laufe der Zeit (ähnlich dem Kaffee zwischen dem 17. und dem 19. Jahrhundert) ihren Schrecken verlieren und in den Alltag der postmodernen «Modulationsgesellschaft» integriert werden. In dem Maße, wie sich das Wissen um den angemessenen Konsum dieser Drogen verbreitet und soziale Solidarität den einzelnen vor dem Abgleiten in die Sucht bewahrt, könnte die Verbreitung der Drogen also sogar mit einer weitgehenden Entschärfung des Suchtproblems einhergehen.

Literatur

Werner Gross: *Sucht ohne Drogen*, Frankfurt a. M. 1991.
Materialreiche und sehr populäre Darstellung der «neuen Süchte».

Jahrbuch Sucht 1995, Geesthacht 1994.
Nützliche Sammlung statistischer Daten zu Alkohol- und Medikamentenverbrauch, Tabak und illegalen Drogen (herausgegeben von der Deutschen Hauptstelle gegen die Suchtgefahren in Hamm / Westfalen, einem Zusammenschluß von Abstinenz-, Mäßigkeits-, Fach- und Wohlfahrtsverbänden).

Dan J. Lettieri / Rainer Welz (Hg.): *Drogenabhängigkeit. Ursachen und Verlaufsformen. Ein Handbuch*, Weinheim, Basel 1983.
Gute Auswahl zeitgenössischer Theorien über Bedingungen des Einstiegs in den Drogenkonsum, die Drogenabhängigkeit und / oder die Drogensucht.

Gerhard Meyer / Meinolf Bachmann: *Glücksspiel. Wenn der Traum vom Glück zum Alptraum wird*, Berlin, Heidelberg, New York 1993.
Das Standardwerk zum Thema Spielsucht.

Nationaler Rauschgiftbekämpfungsplan. Maßnahmen der Rauschgiftbekämpfung und der Hilfe für Gefährdete und Abhängige, Bonn 1990.
Offizielle Darstellung der Politik der Bundesregierung. Gemeinsam herausgegeben von den Bundesministern für Jugend, Familie, Frauen und Gesundheit sowie des Innern.

Hat verblüffende Ähnlichkeit mit der Vorlage aus dem Weißen Haus (White House, National Drug Control Strategy. Washington D. C. 1989).

Sebastian Scheerer / Irmgard Vogt (Hg.): *Drogen und Drogenpolitik. Ein Handbuch*, Frankfurt a. M. 1989.
Ein Versuch, den Stand der Forschung zu den wichtigsten Drogen (von Alkohol über Heroin bis hin zu Psychopharmaka) in verständlicher Sprache zusammenzufassen.

Henning Schmidt-Semisch: *Die prekäre Grenze der Legalität. DrogenKulturGenuß*, München 1994.
Kommt zu dem Schluß, daß der soziale Wandel einen anderen Umgang mit illegalen Drogen verlangt.

Alexander Schuller / Jutta A. Kleber (Hg.): *Gier. Zur Anthropologie der Sucht*, Göttingen 1993.
Heterogene Beiträge zu einer etwas anderen Sicht der Sucht.

Solomon H. Snyder: *Chemie der Psyche. Drogenwirkungen im Gehirn*, Heidelberg, 3. Aufl. 1990.
Gelungener Versuch eines berühmten Neurowissenschaftlers, die Abläufe im zentralen Nervensystem verständlich darzustellen.

Heino Stöver: *Drogenfreigabe. Plädoyer für eine integrative Drogenpolitik*, Freiburg i. Br. 1994.
Skizziert Argumente und Möglichkeiten einer Suchtvorbeugung durch «kulturelle Kontrolle» statt Drogenbekämpfung.

Register